Eelco Hesse

Tee

Eelco Hesse

Tee

Alles über die Welt des Tees und die Tees der Welt

Gräfe und Unzer

Inhalt

Über dieses Buch

»Ich danke Gott für den Tee! Was wäre die Welt ohne Tee? Ich bin froh, daß ich nicht früher als der Tee geboren wurde!« Der Ausspruch stammt von Pfarrer Sidney Smith aus dem 18. Jahrhundert, und da ich genauso denke, scheint mir dieses Zitat als Einleitung zu meinem Buch über Tee recht passend. Wenn man bedenkt, daß Tee das meistgetrunkene Getränk der Welt ist, dann ist es doch erstaunlich, wie wenig man darüber weiß. Um diesem mangelhaften Wissen ein wenig abzuhelfen, habe ich beschlossen, dieses Buch über Tee zu schreiben. Erschöpfend kann ein solches Buch in diesem Umfang natürlich nicht werden. Immerhin hat der Chinese Lu Yu im Jahr 780 nach Christus bereits ein zehnbändiges Werk darüber geschrieben.

Wie kaum ein anderes Getränk hat der Tee die Kulturgeschichte beeinflußt, hat eingewirkt auf Religionen und Philosophien und – auf die Weltgeschichte.

Um den Tee ranken sich unzählige Legenden. So soll der buddhistische Mönch Bodhidarma, der in Südostasien lebte, einmal versucht haben, sieben Jahre lang, Tag und Nacht, zu meditieren ohne zu schlafen. Als nach fünf Jahren seine Müdigkeit übergroß wurde, pflückte er einige Blätter von einem Baum und kaute sie. Das erfrischte ihn so, daß er seine Meditationen für die restlichen zwei Jahre fortsetzen konnte. Diese Blätter stammten von einem Teestrauch.

Viel über die Geschichte des Tees werden Sie in diesem Buch lesen, von seinem beschwerlichen Weg von China und Japan nach Europa und Übersee.

Auch für die komplizierte japanische Teezeremonie will ich versuchen, Ihr Verständnis zu wecken.

Und von dem Teestrauch selbst wird die Rede sein, von dem manche behaupten, daß er ebenso gepflegt werden müsse wie die Weinrebe. Wo er angepflanzt wird, wie die Blätter geerntet und aufbereitet werden, erfahren Sie in diesem Buch.

Viele Künstler haben sich vom Tee und für den Tee inspirieren lassen, sie haben kunstvolle Geräte geschaffen zur Freude des kultivierten Teetrinkers. Deshalb darf die Geschichte von Teetasse und Teekanne in diesem Buch nicht fehlen.

Um guten Tee machen zu können, muß man auch etwas »Tee-Chinesisch«

verstehen und wissen, was der Unterschied zwischen »Flowery Orange Pekoe« oder »Souchong« ist.

Den Deutschen und ihren deutschsprachigen Nachbarn wird nachgesagt, daß sie zwar sehr gut Kaffee kochen können, es aber nicht verstehen, guten Tee zu machen. Dem wird ein ausführliches Kapitel Abhilfe schaffen. Die Ostfriesen sind hiervon natürlich ausgenommen – sie sind bekanntlich Teetrinker aus Tradition. Obwohl sie nur 2% der Gesamtbevölkerung in der Bundesrepublik ausmachen, entfällt auf sie ein Viertel des gesamten Teeverbrauchs.

Übrigens: Teerezepte finden Sie in diesem Buch natürlich auch.

Tee regt an, niemals auf. Warum? Die belebende Wirkung verdankt er seinem Gehalt an Koffein, fälschlicherweise als Teein bezeichnet. Es wirkt nicht über das Herz auf den Kreislauf, wie beim Kaffee, sondern direkt auf Gehirn und Zentralnervensystem. Darum spricht man mit Recht vom Tee als dem »Getränk des geistig arbeitenden Menschen«. Gleichzeitig wirkt der Tee aber auch beruhigend, und zwar wegen seiner Gerbstoffe. Wie das genau funktioniert, können Sie im Kapitel Gift oder Heilmittel nachlesen. Diese beruhigende Wirkung ist sicher von ganz besonderer Bedeutung für unsere laute und schnellebige Zeit. Und deshalb, meine ich, ist das vorliegende Buch über die Geschichte des Tees und um den Tee ein ganz aktuelles Buch. Ich hoffe, Sie stimmen mit mir überein, wenn Sie es gelesen haben.

Eelco Hesse

2000 Jahre Tee

Die Geschichte in China

Zunächst sei gesagt, daß die Wiedergabe chinesischer Namen und Begriffe vorwiegend in der angelsächsischen Transskription erfolgt.

Wer sich mit dem Ursprung des Teetrinkens in China beschäftigt, sticht in ein wahres wissenschaftliches Wespennest. Wenig steht fest, und Vieles muß ins Reich der Fabel verwiesen werden. Wie zum Beispiel die Legende von Kaiser Shen Nung, der ungefähr um 2750 vor Christus lebte. Als er eines Tages sein Trinkwasser kochte, fielen ein paar Blätter von einem überhängenden Zweig in den Kessel. Der Kaiser schenkte sich eine Tasse ein und stellte fest, daß das Getränk herrlich schmeckte. Die geheimnisvollen Blätter waren von einem wilden Teestrauch gefallen, der dort wuchs. Der mythische Shen Nung soll als erster das Land bearbeitet und alle Pflanzen und Kräuter gekannt haben. Er soll auch der Verfasser des medizinischen Buches »Pen t'sao« sein. Soll – denn es waren Historiker aus der späteren Han-Periode (25–231 nach Christus), die das alles Shen Nung zuschrieben. Unter den sogenannten Kräutern Shens befand sich aber eine Vielzahl, die erst in der Han-Periode bekannt wurde, und dazu gehört der Tee. Die Gelehrten gingen davon aus, daß allerlei bekannte Dinge aus ihrer eigenen Zeit bereits in grauer Vorzeit existierten. Außerdem war die Historie für sie absolut vogelfrei, und sie benutzten sie häufig zur Ableitung aller möglichen Präzedenzfälle für die Politik ihrer eigenen Zeit. Wir müssen bedenken, daß das chinesische Einheitsreich zum ersten Mal 221 vor Christus zustandekam.

Shen Nung als Kaiser eines einzigen China im Jahre 2750 vor Christus ist darum völlig absurd. Was das Buch »Pen t'sao« betrifft, so datiert die Form, in der wir es kennen, aus dem 3. Jahrhundert nach Christus. Es wird berichtet über:

»Bitteren t'u von den Hügeln von Ichow, der bei Geschwülsten oder Abszessen im Kopf helfen soll und das Schlafbedürfnis vermindert.« Hier taucht ein neues Problem auf: Was ist T'u? Ein Problem, das aufs engste mit der chinesischen Sprache in ihrer geschriebenen Form verknüpft ist. Es gibt keine phonetischen Zeichen, die die Aussprache mehr oder minder fixieren, sondern »Ideogramme«, Symbole. Das chinesische Zeichen für Tee

a 茶 b 荼

(Beispiel a) wurde erst im 7. Jahrhundert verwendet. Es wurde abgeleitet aus dem Symbol (Beispiel b), das man für eine andere Pflanze, die Distel, t'u, benutzte, und dieses Zeichen war vor dem 7. Jahrhundert auch gebräuchlich für Tee. Wir wissen also niemals sicher, ob es sich dabei um Disteln oder um Tee handelt. Das macht den »Shih Ching«, das Buch der Oden von Konfuzius (etwa 500 vor Christus) für uns zu einer unsicheren Quelle, wenn dort gesagt wird: »Wer sagt, daß der t'u bitter sei? Er ist süß wie der tsi« (Tischelkraut).

Die buddhistischen Quellen geben uns besseren Anhalt als die konfuzianischen. Eine Legende berichtet von dem chinesischen Gelehrten Gan Lu, der Indien besuchte, dort Buddhist wurde und mit diesem neuen Glauben und mit Teesamen zurückkehrte. Diese Legende scheint einen wahren Kern zu enthalten: Es gibt Hinweise, daß die Einführung des Buddhismus in China tatsächlich mit der Einbürgerung des Teetrinkens zusammenfiel.

Im letzten Jahrhundert entdeckte man in Assam die wild wachsende Teepflanze, und es ist wahrscheinlich, daß die camellia sinensis in einem ziemlich ausgedehnten Gebiet wild auftrat, welches Assam, Birma und in Südwestchina Yün-Nan und Szechuan umfaßte. Die Sitte des Teetrinkens und der Buddhismus sollen China von Birma aus über Annam, den Norden Vietnams, erreicht haben. Der erste Tee auf chinesischem Boden wurde in Szechuan angebaut. Dieser Umstand hat viele Gelehrte dazu bewogen, eine Erwähnung von Tee aus dem 1. Jahrhundert vor Christus als authentisch zu betrachten.

Es handelt sich dabei um Wang Pao aus Szechuan, den Hofdichter von Kaiser Hsün, von dem der »Tung Yüch« (Vertrag für den Sklaven) erhalten ist, in dem als Datum der 18. Februar des Jahres 59 vor Christus genannt wird. In diesem Gedicht wird erzählt, wie Wang Pao eine Witwe besucht, die einen ungehorsamen Sklaven hat. Wang Pao übernimmt diesen Sklaven, dessen Aufgaben vertraglich festgelegt werden. Wenn ein Essen gegeben wird, muß er den Tee kochen und die Schalen füllen. Er muß den Tee auf dem Markt in Wu-Yang (Szechuan) kaufen.

Die Authentizität der folgenden Erzählung wird von niemandem in Frage gestellt: Sie stammt aus der »Geschichte der drei Königreiche« und wurde um 270 nach Christus geschrieben. Im Jahr 264

Aufdruck auf einem Teepäckchen der Firma Kwong Sang Tea Company, Hongkong.

regierte König Sun Hao, ein liederlicher Mann, der für seine Trunksucht berüchtigt war. Auf seinen Gelagen mußte jedermann sieben Sheng (etwas mehr als 1 Liter) Wein trinken. Sein Günstling Wei Chao konnte das einfach nicht schaffen. Drei Sheng waren sein Maximum. Ein Freund schenkte ihm deshalb heimlich Tee statt Wein ein. Die Entdeckung dieses Betrugs bedeutete den Sturz des armen Wei Chao. Er verschwand in einem Kerker und wurde 273 hingerichtet.

Der Schriftsteller Chang Hua (232–300) schilderte den Argwohn, der im

Norden des Landes gegen das neue Getränk herrschte. In einem Abschnitt unter dem Titel »Nahrung, die man vermeiden sollte«, schrieb er, daß das Trinken echten Tees den Menschen Schlaflosigkeit bereiten werde. Allmählich wurde Tee weniger wegen seiner medizinischen Wirkung als wegen seines Geschmacks geschätzt. Der Verbrauch stieg in den der Han-Periode folgenden unruhigen Zeiten der Wirrnis allmählich an.

Aus dieser Epoche stammt das Wörterbuch »Erh Ya« in der Bearbeitung von Kuo P'o, in der eine Definition des Tees enthalten ist. Kaiser Wu Ti (483–493) war ein großer Teefreund. Nach seinem Tode mußte ihm Tee geopfert werden. China hatte wieder eine starke Zentralgewalt unter den Sui (598–617) und den T'ang (618–907). Tee war inzwischen zu einem wertvollen Artikel geworden; das geht schon aus der Steuer hervor, mit der er seit 793 belegt wurde.

Der Dichter Po Chü-I wurde in Europa durch zwei sehr begabte Sinophile bekannt. Im englischen Sprachraum durch Arthur Waley und in den Niederlanden durch Jan Slauerhoff. Der Neffe des Dichters Po Min-chung, der erste Minister von 846, hatte den Beinamen der »Teejunge«.

Der größte Teekenner seiner Zeit – Lu Yu

Zunächst aber muß ich von dem großen Lu Yu berichten, dem Patron der Teehändler und Verfasser der »Ode an den Tee« oder »Ch'a Ching«. Von seinen Eltern war er ausgesetzt und als Findelkind von einem buddhistischen Priester erzogen worden. Er selbst zeigte aber wenig Neigung für das Priesteramt. Er lief davon und landete in einem Zirkus. Später verschrieb er sich der Wissenschaft, und da er den Ruf hatte, der größte Teekenner seiner Zeit zu sein, wurde er von den Teehändlern beauftragt, das »Ch'a Ching« (780) zu schreiben. Dieses klassische Werk hatte sofort einen dermaßen überwältigenden Erfolg, daß Lu Yu eine Entscheidung traf, zu der er sich in seiner Jugend nicht durchringen konnte. Er zog sich als Einsiedler und Priester in die Berge zurück.

In sehr bildhafter Sprache bietet das Werk alle mögliche Information über den Tee. Im 19. Jahrhundert wurde diese Schrift zu einer Wissensquelle für Leute wie Fortune und Jacobson, die versuchten, den Chinesen auf die Schliche des Teeanbaus zu kommen. Lu Yu stand auch an der Wiege der japanischen Teezeremonie. Das Teetrinken war für ihn eine ausgesprochene Kunst und der Teekenner ein Gelehrter, dem man gebührende Ehrfurcht schuldig war. Seiner Meinung nach läßt sich der wahre Teekenner ausschließlich vom Geschmack leiten; die Farbe sagt über die Qualität des Tees nichts aus.

Daß Lu Yus Bildsprache häufig aus dem bäuerlichen Bereich stammt, ist in einer Agrargesellschaft wie der chinesischen nicht weiter erstaunlich. Drei Zitate aus den im Ganzen zehn Kapiteln: »Es gibt tausend verschiedene Formen von Teeblättern. Manche sehen aus wie die Stiefel eines Tartaren, manche wie die Brust eines Büffels, manche wie von den Bergen herabtreibende Wolken, einige gleichen den Kräuselungen des Wassers in einer Brise, manche haben eine stumpfe braune Farbe und sehen aus wie

In einem Garten in China – im Vordergrund ist zu sehen, wie ein Arbeiter das Feuer schürt, über dem Teeblätter getrocknet werden.

frisch gepflügtes Land, bedeckt mit Pfützen nach einem heftigen Regenguß. Dies alles ist guter Tee.«

Aus dem 6. Kapitel: »Geflügelte Wesen fliegen, felltragende Wesen rennen, Wesen mit einem Hals reden. Diese drei Klassen leben im Raum zwischen Himmel und Erde. Sie essen und trinken, um zu leben, aber wenn sie trinken, wie ferne sind sie dem Verstehen! Um Durst zu löschen, trinke Suppe, um Niedergeschlagenheit zu vertreiben, trinke Wein, um Schlaf zu finden, trinke Tee.«

Lu Yu sagt: »Wenn das Wasser zum ersten Mal kocht, erscheint etwas wie die Augen von Fischen an der Oberfläche, und man kann ein leises Geräusch vernehmen. Dann erscheint etwas wie eine Quelle, die dahinschnellt, und eine Schnur von Perlen an ihrem Rande: Das

Tee-Aufbereitung in China im 18. Jahrhundert.

ist das zweite Kochen. Dann kommen die wilden Wogen: Das ist das dritte Kochen.

Lu Yu bezeichnete die blaue Glasur des Nordens als ideal für die Teetasse, weil sie die grüne Farbe des Getränks noch intensiviere, während der Tee in einer weißen Tasse rosa und unappetitlich aussähe. In der T'ang-Periode kannte man ausschließlich Kuchentee. Die Blätter wurden gedämpft, in eine Form gepreßt, zu einem Kuchen geröstet und in einem irdenen Topf mit kochendem Wasser unter Zugabe von Reis, Ingwer, Salz, Orangenschalen, Nelken, Milch und manchmal Zwiebeln gekocht. In Tibet wird heute noch ein ähnliches Getränk zubereitet; mit Yakbutter. Der Name dafür ist Tsampa.

Auch der russische Brauch, dem Tee Zitrone beizufügen, geht nach Meinung mancher Fachleute auf die Gewohnheiten der T'ang-Periode zurück.

Andere Dynastien – anderer Tee

Die Sung-Periode (960–1127) gilt als die romantische Epoche der chinesischen Kultur. Geschlagener Tee trat an die Stelle des Kuchentees. Die Teeblätter wurden zu einem Pulver zermahlen, welches in heißem Wasser mit einem Bambusklopfer geschlagen wurde. Salz und Nelken fügte man nicht mehr hinzu. Diese Veränderungen wirkten sich auch auf die Wahl der Teeservice aus. Man bevorzugte nun ziemlich schwere Schalen, blau, schwarz oder dunkelbraun.

Ein Kaiser, der in diesem Buch nicht unerwähnt bleiben darf, ist Hui Tsung (1101–1124). Er interessierte sich mehr für Künste und Wissenschaften als für die Politik. Er darf fürwahr als großer Teekenner gelten. Er verfaßte eine Dissertation über die zwanzig Teesorten und verkündete darin, daß weißer Tee die seltenste und feinste Qualität habe.

Teetrinken war in den Hofkreisen ein Ritual von großer Eleganz und Raffinesse. Spezielle Wettkämpfe wurden ausgetragen, in denen Teekenner die Sorten erraten mußten. In den großen Städten gab es Teehäuser. Dichter besangen den Tee. Berühmt ist Wang Yüan Chih, der den Tee rühmte, weil seine delikate Bitterkeit ihn an den Geschmack erinnerte, den ein guter Rat hinterläßt.

Das Teeanbaugebiet hatte inzwischen ungeheure Ausdehnung erfahren. Die Teepflanze war auf dem Vormarsch durch das Jang-tse-kiang-Tal und hatte unter der Sungdynastie Fukien, das Hinterland von Amoy, erreicht, wo auch heute noch erstklassiger Tee wächst. Wir haben bereits erwähnt, daß Lu Yu als eine Art Schutzpatron des Teehandels verehrt wurde. Die Töpfer von Kunghsien in Honan stellten kleine Plastiken von Lu Yu her, und beim Kauf von zehn

Eine Teeplantage in Katakura, Japan, mit Blick auf den Fudschijama.

Teekannen wurde eine geschenkt. Daß das Teetrinken sich auch in der Mittelklasse und unter den breiten Volksschichten einbürgerte, war den Ch'an oder Zen-Buddhisten zu verdanken. Durch sie wurde auch die Teezeremonie in Japan kultiviert. Zen ist eine Ableitung aus dem Sanskritwort Dhyana, das Meditation bedeutet. Wenn es sich bei der Zenbewegung auch um eine buddhistische Sekte handelt, so hat diese doch Vieles aus dem Taoismus übernommen, der Nachdruck auf die Suche nach Schönheit in dieser Welt legt. Der Zenbuddhismus sagt, daß sich ein Mensch durch konzentrierte Meditation selbst verwirklichen kann. Meditation ist eine der sechs Arten zur Erreichung der »Buddhaschaft«. Ein Hinweis auf das Alter der Teezeremonie finden wir bei Pochang (720–814), einem Schüler des Zenmönches Ma-tsu, der Richtlinien für das Trinken von Tee in den Klöstern erlassen hat. Besondere Mönche (die

Ch'a-T'ou) opferten Tee dem Geist Bodhirdarmas und bedienten die anderen Mönche.

Woher kommt es nun, daß zwar in China bis auf den heutigen Tag sehr viel Tee getrunken wird, daß aber das Teetrinken als Äußerung einer Lebenshaltung, der Teeismus und die Teezeremonie, japanisch sind und aus China verschwand? Das hängt mit den Nomadenvölkern zusammen, die in den Norden Chinas eindrangen. Zuerst waren es die Kin-Nomaden, die sich Nordchinas bemächtigten. Darauf folgten die Mongolen, die ihre Herrschaft in China errichteten. Daß Marco Polo nichts über Tee berichtet, ist darauf zurückzuführen, daß er zwischen 1271 und 1294 am Hof von Kublai Khan weilte, der zwar gern für voll genommen wurde, den die intellektuelle Elite jedoch als Barbaren betrachtete. An seinem Hof wurde offensichtlich kein Tee getrunken: Künstler, Gelehrte, Teekenner, sie alle hatten sich fern vom Hof in den Süden zurückgezogen.

Die Mingdynastie (1368–1644) ist eine Periode der Restauration. Aber die alte verfeinerte Hofkultur kehrt nicht zurück; Teetrinken war eine Beschäftigung für alle Klassen geworden. Vulgarisierung wäre ein zu starkes Wort: Das begüterte Bürgertum legte Wert auf feinen, teuren, mit Sorgfalt bereiteten Tee. Es gehörte zum guten Stil, seinen Gästen exquisiten Tee vorzusetzen. Das Teetrinken war eine soziale Zeremonie.

Der Tee wurde zubereitet, indem man die Blätter mit kochendem Wasser übergoß; diese Art der Teezubereitung wurde von Westeuropa im 17. Jahrhundert übernommen. Zartes weißes Porzellan war am beliebtesten.

Tauschhandel – Pferde gegen Tee

Eine Geschichte besonderer Art ist der weitverbreitete Tee-Pferde-Handel aus der Mingzeit. Schon zu Beginn unserer Zeitrechnung wußten die Chinesen, daß die Pferde des Nordens besser waren als ihre eigenen Tiere. Besondere Expeditionen wurden durchgeführt, um solche Pferde zu bekommen. Das mongolische Reich basierte auf dem Besitz von Pferden. Die Mings zogen daraus die Lehre, daß Pferde für ein starkes China unverzichtbar waren. Die eigene Züchtung von Pferden gelang nicht recht, nicht zuletzt wegen des Mangels an geeignetem Weidegrund in China. Die Kaiser sandten Delegationen zu den nichtchinesischen Völkern Zentralasiens. Ein Pferdehandel entwickelte sich. Aber womit bezahlen? Seide und Silber waren viel zu teuer. Der Tausch von Pferden gegen Tee erwies sich als billigste Möglichkeit. Die Völker im kalten Nordwesten hatten den Tee offensichtlich auch bitter nötig. Die Chinesen ihrerseits erkannten trotz der offiziellen und allgemeinen Geringschätzung des Handels die eminente Bedeutung dieses besonderen geschäftlichen Treibens. Deshalb erlaubte die Regierung Kaufleuten den Pferdehandel. Infolge eines bestehenden Teemonopols wurden schwere Strafen über Kaufleute verhängt, die Tee privat exportierten. Die Beamten der Aufsichtskommission wurden jedoch so schlecht entlohnt, daß sie selbst Tee schmuggelten. Aus dem Jahr 1389 sind uns die Zahlen bekannt: Für ein Spitzenpferd wurden 120 Chin Tee bezahlt. Ein Chin = 568,82 Gramm, also etwas über ein Pfund. Das durchschnittliche Pferd kostete 70 Chin und ein minderwertigeres 50 Chin Tee. Die Leitzahl betrug 1 000 000 Chin für 14 000 Pferde. Unruhen im Nordwesten brachten mit sich, daß das Heer den Tee nicht länger von Szechuan nach Shensi (Nordwestchina) transportieren konnte, daß der Pferdeimport oft zum Erliegen kam, daß der Bedarf an Pferden größer als je war. Die Pflanzung von Tee in Shensi bot eine Lösung. Bei Hungersnot tauschte die Bevölkerung den Tee allerdings gegen Korn aus Zentralchina. Das Teemonopol wurde aufgehoben und in die Verpflichtung für den Teehändler umgewandelt, 40% seines Tees an den Staat zu liefern. Daß diese 40% durchwegs aus schlechtester Qualität bestanden, ist klar. Der Vizezensor Yang schrieb 1550 einen Bericht über diese Probleme. Seine Vorschläge wurden von den Händlern sabotiert. Er betrachtete die Barbaren im Nordwesten als Prellböcke, die man sich durch Tee warmhalten sollte. Ohne Tee würden sie krank werden und sterben. Inmitten von Korruption und schlaffer zentraler Verwaltung starb der Tee-Pferdehandel aus. Der Tee ging über Kanton nach Europa. Pferde wurden nun im Nordosten dringender gebraucht.

Die Geschichte des Tees in Tibet und Japan

Im 9. Jahrhundert wurde aus China der erste Tee nach Tibet importiert. Dort bereitet man ihn heute noch wie in der chinesischen T'ang-Periode zu: Vom Teekuchen wird ein Stück abgebrochen und mit Wasser und allerlei Zutaten ein dicker Brei zubereitet. Tibetanische Spezialität ist die zugefügte Yakbutter. Ganze Ozeane von Tee werden dort auf dem Dach der Welt aus alter Tradition konsumiert: Das Klima scheint sehr durstig zu machen, und die Butter deckt den Fettbedarf. Bis in die fünfziger Jahre unseres Jahrhunderts dienten in Tibet die Teebriketts geradeso wie im chinesischen Reich als Zahlungsmittel, welches in vielen Dörfern sogar höher geschätzt wurde als Silber. Die Franzosen Père Huc und Père Gabet waren 1846 als Missionare im Himalaya und berichteten von einem von Pilgern veranstalteten Massenteefest für 4000 Lamas in Kunbum. In dieser geweihten Umgebung verbargen die Priester verschämt die weltlichen hölzernen Teeschalen in einer Falte ihres Gewandes. Wer unbedingt tibetanischen

Aufdruck auf einem Teepäckchen der Firma Kwong Sang Tea Company, Hongkong.

Tee zubereiten will, der kann auch bei uns in einigen Teespezialgeschäften Teebriketts bekommen.

Japan, das Land, in dem das Ritual der Teezeremonie eine ganze Weltanschauung symbolisiert, den Teeismus, darf selbstverständlich in unserem Buch nicht zu kurz kommen.

Eines der übersichtlichsten und jedenfalls auch zuverlässigsten Werke ist »Das Buch vom Tee« von Kakuzo Okakura, ein wahres Juwel, das sich darum bemüht, einem westlichen Publikum die japanische Ästhetik gerade durch die Erklärung der Teezeremonie etwas näherzubringen. Der 1913 verstorbene Okakura war eine Zeitlang Kurator der Abteilung für ostasiatische Kunst des Boston Museum of Fine Arts.

Das älteste Zeugnis über Tee in Japan berichtet von Kaiser Shomu, der im Kaiserlichen Palast Hunderte buddhistische Mönche mit Tee bewirtete. 801 brachte der Mönch Saicho, später Dengyo Dashi genannt, aus China Teesamen mit, den er in Yeisan anpflanzte. Das Teetrinken bürgerte sich allmählich ein. Den geschlagenen Pulvertee brachte Eisai Zenji, der in China die südliche Zenschule studiert hatte, 1191 nach Japan mit. Sein Tee wurde im Distrikt Uji bei Kyoto gepflanzt, von dort kommt noch heute der beste (grüne) Tee. Über die Entdekkung des Tees in Japan gibt es folgende Legende: Der Mönch Bodhidharma schlief während seiner Meditation ein. Als er erwachte, schämte er sich so, daß er sich die Augenlider abschnitt und sie wegwarf. Plötzlich begannen an der Stelle, wo sie hingefallen waren, zwei prächtige Sträucher mit zierlichen Blättern zu wachsen, welche die Form von Augenlidern hatten. Das sollen die ersten Teesträucher gewesen sein. Der historische Mönch Bodhidharma – sein japanischer Name lautet übrigens Daruna – kam 520 nach Christus aus Indien nach Kanton. Seine letzten Lebensjahre verbrachte er meditierend in einem Felsen-

Der Mönch Bodhidharma – sein japanischer Name lautet Daruna – kam 520 nach Christus aus Indien nach Kanton.

tempel bei Nanking. Japan hat er nie besucht. Trotzdem spielt Bodhidharma eine große Rolle in der bildenden Kunst Japans.

Im Mittelalter wurde in Japan vor allem von den Mönchen der Zensekte Tee getrunken. Daneben nahm der Konsum bei den höheren Ständen mit der Zeit zu. Nach chinesischem Vorbild organisierte man im 14. Jahrhundert den To-Cha (wörtlich: Teewettkampf). Den Gästen wurden verschiedene Sorten Tee eingeschenkt, die erkannt werden mußten. 1338 wurden diese Wettkämpfe verboten, denn sie waren zum Deckmantel für Glücksspiele und Ausschweifungen geworden.

Die Teezeremonie

Die japanischen Bräuche wurden nicht wie in China durch Mongoleneinfälle beeinträchtigt und konnten sich frei entwikkeln. Aus dem To-Cha und dem Teeismus der Zenpriester entstand als Synthese die Cha-No-Yu oder Teezeremonie. Cha-No-Yu bedeutet wörtlich »Heiß-Wasser-Tee«.

Um jene Schnitzer zu vermeiden, die so oft von Europäern begangen werden, wenn sie über die so »unbegreifliche« und »geheimnisvolle« Teezeremonie der Japaner schreiben, deren Denken so »anders« ist, und um doch ein wenig den philosophischen Hintergrund der Teezeremonie zu erhellen, will ich in diesem Kapitel viel zitieren und mit Aussprüchen bekannter japanischer Teemeister beginnen.

Der Zenmeister Takuan (1573–1645) sagte: »Die Teezeremonie ist weder ein kompliziertes Ritual noch ein ausschließlich äußerliches Gepränge. Der Charakter des Cha-No-Yu besteht im Erfühlen des Geistes, einer harmonischen Vermischung von Himmel und Erde, in der Betrachtung der allumfassenden Gegenwärtigkeit der fünf Elemente am Herdfeuer, wo die Berge, Flüsse, Felsen und Bäume erscheinen, wie sie in der Natur sind, im Schöpfen des erfrischenden Wassers aus dem Quell der Natur, im Prüfen des natürlichen Geschmackes mit eigenem Munde. Wie groß ist dieser Genuß der harmonischen Vermengung von Himmel und Erde.«

Der Despot Toyomito Hideyoshi hatte immerhin etwas von der Lehre Rikyûs (des größten Teemeisters) begriffen, als er dichtete:

»Wenn Tee gemacht wird aus Wasser,
geschöpft aus den Tiefen des Geistes,
dessen Boden unauslotbar ist,
dann haben wir wirklich das, was Cha-No-Yu heißt.«

Der Geist des Tees

Der Teemeister Nakaro Kazuma schrieb zu Beginn des 18. Jahrhunderts: »Das Wesen des Cha-No-Yu ist die Reinigung der sechs Sinnesorgane von Besudelung. Durch das Betrachten des Kekemono auf dem Tokonoma und der Blume in der Vase wird das Sinnesorgan des Geruchs gereinigt, durch das Horchen auf das Kochen des Wassers im Eisenkessel und das Tröpfeln des Wassers aus dem Bambusrohr werden die Ohren gereinigt, durch das Prüfen des Tees wird der Mund gereinigt und durch das Hantieren mit dem Teegerät wird das Sinnesorgan des Berührens gereinigt. Wenn so alle Sinnesorgane gereinigt sind, wird der Geist selbst von Verunreinigung gesäubert. Die Kunst des Tees ist in erster Linie eine geistige Fertigkeit, und ich bemühe mich, keine Stunde des Tages vom Geiste des Tees abzuweichen, was alles andere als eine bequeme Beschäftigung ist.«

Westliche Vorstellungen über Japan werden von Begriffen geprägt, die einander eigentlich widersprechen. Einerseits schreiben wir dem japanischen Charakter Militarismus und Härte (Harakiri) zu, andererseits neigen wir dazu, die japanische Landschaft und die japanische Kunst mit Begriffen wie Harmonie und Sanftmut zu umschreiben.

Im Japanischen scheinen sich die Begriffe für Harmonie und Sanftmut des Geistes zu entsprechen. Bei der Teezeremonie müssen wir vor allem an das zweite denken: Die Sanftmut des Geistes. Ein Mensch mit wenig Gefühl für die schönen Dinge des Lebens wird umschrieben mit: »Er hat keinen Tee in sich«, während der Ästhet reinsten Wassers manchmal »zu viel Tee in sich hat«. Man hat den Teeismus auch so umschrieben: »Die Kunst, Schönheit zu verbergen und sie entdekken zu können, die Kunst, das zu suggerieren, was man nicht zu enthüllen wagt, das edle Geheimnis, über sich selbst lachen zu können, beherrscht, aber doch tief: Das Lächeln der Philosophie.«

Verehrung des Schönen

Teeismus ist ein Kult, der auf der Verehrung des Schönen beruht.

Wesentlich sind Liebe zur Natur und Einfachheit der verwendeten Materialien. Das beinhaltet: Reinheit, Harmonie, Verträglichkeit. In gewissem Sinn verherrlicht der Teeismus die Aristokratie des Geschmacks, doch ist sein Symbol »das Haupt der Menschlichkeit«. Einstmals bestand das Ideal darin, ein Buddha-Land zu schaffen durch die Reinheit im Teeraum. Sabi, »Ruhe«, ist unabdingbar für den Cha-No-Yu. Abgesehen von Ruhe, Einfachheit, Nüchternheit und Einsamkeit liegt im Wort Sabi auch eine ästhetische Würdigung der »Armut«.

Über der Armut liegt eine unaussprechliche ruhige Freude, und die Kunst des Tees soll dieser Idee künstlerischen Ausdruck verleihen: in dem äußerst kargen Teeraum finden wir plötzlich etwas sehr Kostbares.

Der Samurai, der japanische Krieger, mochte er noch so sehr von Kampf und Krieg besessen sein, begriff dennoch, daß er irgendwann und irgendwo die Möglichkeit haben mußte, dieser Alltagsexistenz zu entfliehen. Der Tee stillte dieses Bedürfnis. Er zog sich kurzfristig in eine ruhige Ecke seines unbewußten Ichs zurück, symbolisiert durch den Teeraum, nicht größer als neun Quadratmeter. Und wenn er den Raum wieder verließ, fühlte er sich nicht nur an Körper und Geist erfrischt, sondern auch seine Erinnerung an Dinge von beständigerem Wert als

Tee-Ernte und Weiterbearbeitung des Tees, dargestellt auf einem japanischen Wandschirm.

Krieg und Kampf hatte sich verdichtet.

1477 ließ der Shogun Yoshimasa bei seinem Palast in Kyoto einen Teeraum von drei mal drei Meter errichten, den ältesten, der uns bekannt ist. Der größte Teemeister aller Zeiten, Sen-no Rikyû (Ende des 16. Jahrhunderts), baute das erste freistehende Teehaus. Das Ganze besteht aus der Sukiya, am besten übersetzt mit »Stätte der Phantasie«, obwohl das Wort Suki mehrere Bedeutungen hat, ferner dem Muziya, dem Nebenraum für das Teegerät, dem Yoritsuki, dem Warteraum und dem Roij, dem Pfad, der zum Teeraum führt, der die Verbindung zur Außenwelt unterbrechen soll und das erste Stadium der Meditation symbolisiert.

Die Tür zum Teeraum ist nur neunzig Zentimeter hoch. Tief gebückt tritt der Samurai ein, sein Schwert läßt er zurück.

Der bereits erwähnte Sen-no Rikyû wurde 1586 Hoher Priester; er reinigte und instituierte die Teezeremonie. Aber er organisierte auch große Teefeste. So fand 1588 in den Palastgärten eine Teegesellschaft für 500 Gäste aus allen gesellschaftlichen Klassen statt, die sich in einem Umkreis von drei Meilen abspielte. Im Alltagsleben verabscheute Rikyû Luxus keineswegs, aber in seinen Schriften und Geschichten, die noch Jahrhunderte später über ihn kursierten, fällt der Nachdruck stets auf »Sabi«.

Die Regeln

Das sind die Regeln des großen Meisters:

- Sobald sich die Gäste im Warteraum versammelt haben, kündigen sie sich an, indem sie auf einen hölzernen Gong schlagen.
- Es ist wichtig, daß man zu Beginn der Zeremonie nicht nur ein reines Antlitz und reine Hände, sondern auch ein reines Herz hat.
- Der Gastgeber kommt seinen Gästen entgegen und geleitet sie hinein. Falls der Gastgeber wegen seiner Armut seinen Gästen den Tee und die anderen Notwendigkeiten für die Zeremonie nicht bieten kann, ja selbst wenn die Bäume und Felsen dem Gast nicht gefallen, darf dieser sofort weggehen.
- Sobald das Wasser ein Geräusch macht wie der Wind in den Nadelbäumen und die Glocke läutet, müssen die Gäste aus dem Wartezimmer zurückkehren, denn es wäre schlecht, den rechten Augenblick für das Feuer und das Wasser zu verpassen.
- Von altersher ist es verboten, innerhalb oder außerhalb des Teehauses über etwas Weltliches zu sprechen. Unter diese Kategorie fallen politische Gespräche und vor allem Klatsch. Einziges Thema ist der Tee und die Teegesellschaften.
- Weder Gast noch Gastgeber dürfen bei einer reinen Teezeremonie schmei-

cheln, weder durch Worte noch durch Taten.

- Die Zusammenkunft darf nicht länger als zwei japanische, das heißt vier europäische Stunden dauern.

Im Teeraum befindet sich der Tokonoma, der Alkoven. Das Urbild dafür war der Altar der Kapelle eines Zenklosters.

Im Tokonoma hängt ein Gemälde, ein Kakemono, oder die Kalligraphie eines Spruches von einer berühmten Persönlichkeit. Am Pfosten des Altars hängt eine geflochtene Vase oder eine Bambusvase. Der Blumenschmuck ist besonderen Regeln unterworfen. Nie wird man eine Azalee oder eine Winde in einem Teeraum antreffen. Betritt man die Sukiya an einem drückend heißen Sommertag, ist der Anblick einer frisch betauten Lilie herrlich. Sogleich wird der Geist durch diesen Anblick erquickt.

Der Wasserkessel besteht zumeist aus Eisen, hin und wieder aus Bronze. Die Oberfläche ist absichtlich rauh gehalten. Künstler mühen sich beständig um eine Verbesserung oder Erneuerung der Form. Der Geruch des Weihrauchs, der während der Zeremonie verbrannt wird, darf nicht zu penetrant sein. Die Weihrauchdose ist oft ein erlesenes Kunstwerk, das von den Gästen besonders bewundert wird.

Die Teeschale muß folgenden Anforderungen genügen: Sie ist ziemlich dick, damit die Hitze nicht zu stark geleitet wird, die Außenseite ist rauh, wodurch die Schale leicht festgehalten werden kann, der Rand wölbt sich ein wenig nach innen, damit nichts überläuft. Die Glasur muß weich und angenehm für den Mund sein; der grüne Tee kommt am besten in einer schwarzen Schale zur Geltung.

Ein nüchterner Mensch des Westens, der den Tee des Cha-No-Yu als »dick, schaumig, lau und grün« beschreibt, hat grundsätzlich wahrscheinlich recht, aber das Wesen der Teezeremonie ist ihm völlig entgangen. Der japanische Gast weiß es besser: Die Etikette verlangt, daß er aus Respekt vor dem Gastgeber ein lautes schmatzendes Geräusch macht, um seine Begeisterung über den Geschmack des Tees auszudrücken.

Dieselbe Etikette will, daß sich der Gastgeber zum Schluß für den Tee entschuldigt und sagt, daß es nur armseliger Tee gewesen sei. Die Teezeremonie, die ich nun etwas ausführlicher beschreiben will, ist die der Ura-Senke-Schule, die von Soshitu Sen geleitet wird, einem Nachfahren von Sen Rikyû (14. Geschlecht).

Die Zeremonie

Die Zeremonie besteht:

- Aus der ersten Sitzung, wobei ein leichtes Mahl, das Kaiseki, aufgetragen wird;

Feierliche Bereitung des Tees während der Teezeremonie.

- aus dem Nakadachi, nachdem die Gäste sich zurückgezogen haben;
- aus der Goza-Iri, der eigentlichen Teezeremonie, bei der Koicha, dicker Tee, getrunken wird, und
- aus dem Trinken von Usacha, dünnem Tee.

Für die erste Sitzung führt der Gastgeber die fünf Gäste über den Roij zum Teeraum. Unterwegs können sie in einem steinernen Bassin die Hände mit frischem Wasser waschen. Nach dem Betreten des Sukiya kniet jeder Gast vor dem Tokonoma nieder und erweist seine Ehrerbietung. Darauf bewundert er die Rolle an der Wand des Tokonoma. Die Gäste setzen sich, der Hauptgast in unmittelbarer Nähe des Gastgebers, und das Kaiseki wird aufgetragen.

Für den Goza-Iri wird fünf- oder siebenmal auf den Gong geschlagen. Wieder treten die Gäste ein. Nun darf mehr Licht von draußen in den Sukiya fallen. Die Rolle ist durch eine Vase mit Blumen ersetzt worden. Die Gäste bewundern die Blumen und den Kessel. Nun tritt der Gastgeber mit den übrigen Teegeräten ein. Alles wird noch einmal gereinigt.

Der Gastgeber nimmt die Teedose und den Löffel, gibt matcha (drei Löffel pro Gast) in die Schale und nimmt heißes Wasser aus dem Kessel. Dann schlägt er den Tee solange mit dem Bambusklopfer, bis er dick wird und im Aussehen eine gewisse Ähnlichkeit mit Erbsensuppe erhält. Der Gastgeber stellt die Schale zum Herd, der erste Gast kriecht auf den Knien dorthin und hebt die Schale hoch. Er verbeugt sich vor den Mitgästen, nimmt die Schale in die Fläche seiner linken Hand, während die rechte seinen Ellbogen stützt. Er nimmt einen Schluck, lobt den Geschmack und nimmt dann nochmals zwei Schlucke. Er wischt den Platz, an dem er getrunken hat, mit Kaishipapier auf und reicht die Schale einem zweiten Gast weiter. Das gleiche Ritual wird wiederholt.

Wenn der letzte der fünf Gäste getrunken hat, reicht er die Schale dem Ehrengast, welcher sie dem Gastgeber übergibt.

Der Usacha, der auch oft eigens stattfindet, ist eine stark vereinfachte Form des Goza-Iri.

Zum Schluß wollen wir dem großen Zen-Kenner Daisetz Suzuki das Wort erteilen: »Die Ipomea, die nur wenige Stunden eines Sommerabends durchlebt, ist ebenso bedeutungsvoll wie der Pinienbaum, dessen knorriger Stamm der Winterkälte trotzt. Mikroskopisch kleine Wesen sind ebenso eine Manifestation des Lebens wie der Elefant oder der Löwe. In Wahrheit sind sie vitaler, denn sogar wenn alle anderen Lebensformen auf der Erdoberfläche nicht mehr leben, werden die Mikroben weiterexistieren. Wer wollte da leugnen, daß ich im Trinken meines Tees in meinem Teeraum das ganze Weltall zu mir nehme und daß der Augenblick, in welchem ich die Teeschale hebe, Ewigkeit ist, die Zeit und Raum übersteigt? Die Kunst des Tees lehrt uns in Wahrheit viel mehr als die Harmonie der Dinge oder ihren Schutz vor Verunreinigung oder nur das Versinken in einen Zustand der Kontemplation und Ruhe. Das Reich der Leere wird bekämpft!«

Schließlich sei Daito Kokush aus Kyoto zitiert:

»Wenn deine Ohren sehen
und deine Augen hören,
wird kein Zweifel dich beschleichen –
wie natürlich tropft der Regen
vom Rand des Daches!«

Die Geschichte des Tees in Europa und in der Neuen Welt

Der erste Europäer, der das Abendland über die Existenz von Tee informierte, war der Gelehrte Giambattista Ramusio. Er veröffentlichte die Reiseabenteuer des persischen Kaufmanns Hadschi Mahomet, der in China gewesen war.

In dem Buch »Navigatione et Viaggi«, das 1559 in Venedig erschien, berichtete dieser Perser vom Anbau und der Zubereitung von Tee. Lange Zeit wurde der Handel mit China von Venedig aus über die arabische Karawanenroute abgewikkelt. Im 16. Jahrhundert jedoch übernahmen die Portugiesen den Handel mit China, der nun auf dem Seeweg verlief. 1557 wurde Macao portugiesisch, und es gibt keinen Zweifel, daß Missionare dort Tee getrunken haben.

Eine besonders farbige Gestalt war der italienische Missionar Padre Matteo Ricci (1552–1610). Es war ihm gelungen, bis zum Kaiserlichen Hof in Peking vorzudringen und dort die Funktion eines wissenschaftlichen Beraters auszuüben. Deshalb wirkt auch recht wissenschaftlich, was er in seinen Briefen über Tee berichtet: Er nennt den Preis des Tees in China und stellt einen Vergleich an zwischen der chinesischen und der japanischen Art der Teezubereitung.

Unter den Produkten, die die Portugiesen aus dem Orient nach Europa einführten und um deren weiteren Vertrieb sich die Holländer kümmerten, befand sich jedoch noch immer kein Tee. 1595 sperrten die Portugiesen ihre Häfen für die Holländer, was zur Folge hatte, daß diese nun eine eigene Machtposition im Fernen Osten errichteten.

Der Anfang in Holland

Jan Huighen van Linschoten berichtete 1595 über das Teetrinken in Japan. Von dort stammte auch der erste Tee, den die Holländer nach Europa brachten. Das war 1610, um genau zu sein, und es war grüner Tee von der Insel Hirado. Einen Teil dieses Tees schenkte die Ostindische Kompanie dem Prinzenhof, durch den das Teetrinken in Holland populär wurde. Der Handel mit Japan blieb eine recht mühselige Angelegenheit: Die Holländer wurden auf die kleine Insel Decima in der Bucht von Nagasaki zurückgedrängt. Dort befand sich die holländische Faktorei, die jahrhundertelang die einzige Kontaktstelle zwischen Japan und der Außenwelt war. Von jetzt an kam der Tee auch aus China. Zunächst beförderten chinesische Dschunken die schwarzen Blätter nach Java.

In den Journalen der Ostindischen Kompanie finden wir unter dem Datum vom 2. Januar 1637 den Eintrag, daß jedes Schiff aus Indien angewiesen wurde, sowohl chinesischen als auch japanischen Tee zu laden. Es gab also bereits einen nachhaltigen Bedarf.

In Holland wurden vor allem die verdauungsfördernden Qualitäten des neuen exotischen Getränks angepriesen. Ganz allgemein fällt auf, daß im 17. Jahrhundert eigentlich nie der angenehme Geschmack des Tees erwähnt wird, sondern ausschließlich allerlei medizinische Kräfte, die dem Tee zugeschrieben wurden. Wir dürfen sicher annehmen, daß die sorglose Art des Transports in der damaligen Zeit die Qualität des Tees nicht gerade förderte. Die Kaufherren Zeventien schickten eine Gesandtschaft unter der Leitung eines der bekanntesten niederländischen Seefahrers, Johannes Maatsuyker, nach Kanton. Diese Gesandtschaft wurde eingeladen, am Kaiserlichen Hof Tee zu trinken, und bei dieser Gelegenheit bekam Maatsuyker ein Empfehlungsschreiben des Mandschukaisers. Durch dieses Schreiben wurde der Handel zwar nicht sonderlich begünstigt, aber den Holländern wurde immerhin gestattet, alle acht Jahre nach China zu kommen. Allerdings nur mit 100 Mann, und von diesen durften wiederum nur 20 den Hof besuchen. Die Tür zum Reich der Mitte war einen Spalt breit geöffnet worden. Seide und Tee waren die von den Holländern begehrtesten Produkte und wurden mit Silber bezahlt, denn für andere europäische Güter interessierte man sich im Chinesischen Reich nicht. Das geringe Entgegenkom-

Schiffe der Vereinigten Ostindischen Kompanie vor Kanton im Jahre 1655.

men des Mandschukaisers hatte politische Gründe: Gerade in Südchina flakkerten immer wieder Aufstände gegen die Zentralregierung auf, und deshalb durfte dieses Gebiet nicht zu reich werden.

Der Teehandel in Kanton wurde von dem Hoppo, einem hohen Beamten, überwacht. Er war ständig bestrebt, sich das Wohlwollen wichtiger Diener am Hof mit Silber zu erkaufen. Die chinesischen Kaufleute wiederum waren auf den Hoppo angewiesen, genauso wie die Portugiesen, die Holländer und später die Engländer.

Zwischen 1660 und 1680 setzte sich das Teetrinken in den Niederlanden immer stärker durch. Er wurde hauptsächlich zu Hause verbraucht, von den Reichen, und in einem speziellen Teezimmer getrunken. Von den höchsten Ständen breitete sich der Brauch auch auf die niedrigeren aus. Über die medizinische Wirkung des neuen Getränks gab es heftige Diskussionen.

Der große Nicolaas Tulp, Pseudonym für Dircks, setzte sich nachdrücklich für die Verwendung von Tee ein: Er sah darin ein ausgezeichnetes Mittel gegen Gallensteine, Müdigkeit und jetzt plötzlich auch gegen Durchfall und vertrat diese Meinung in seinen Observationes Medicae.

Weltberühmt war Dr. Cornelis Decker aus Alkmaar, Leibarzt des Großen Kurfürsten, August des Starken, und besser unter dem Namen Bontekoe bekannt. Sein »Traktat über das Exzellente Kraut Tee« erschien 1679 in Den Haag. Er lobte den Tee so über alle Maßen, daß er in den Verdacht geriet, als Propagandist für die Ostindische Kompanie zu arbeiten. Man weiß heute auch, daß er später ein nicht unbeträchtliches »Freundschaftspräsent« als Dank für die Stimulierung des Teeverbrauchs in den Niederlanden erhielt. Gegen den Genuß von 200 Tassen Tee pro Tag hatte der Arzt keine Bedenken. In Holland kaufte man den Tee zunächst beim Apotheker und zwar hundertgrammweise. Mit dem Anstieg des Handels fiel zwar der Preis, aber es gibt dennoch Berichte über angesehene Familien, die sich durch ihre Teegesellschaften in Schulden verstrickten.

Bereits im 17. Jahrhundert wurde die Idee geboren, Tee in Indonesien anzubauen. 1684 experimentierten holländische Botaniker auf Java. Richtige Teeplantagen in diesen Gebieten entstanden jedoch erst im 19. Jahrhundert.

In Rußland hat die Geschichte des Tees einen ganz anderen Verlauf genommen als in Westeuropa. Die Russen Iwan Petrow und Boornasch Jalischew haben 1567 zum ersten Mal auf die Existenz von Tee hingewiesen. 1638 leitete der russische Gesandte Wassili Starkow eine Delegation an den Hof des mongolischen Khans. Von dort brachte er ein Teegeschenk für den Zaren Michael mit, dachte aber, daß dieser sich über die »Gras-Gabe« nicht freuen würde. Die anregende Wirkung des Getränks wurde in Rußland aber sehr bald erkannt.

1689 schloß Rußland mit China den Vertrag von Nerchinsk. Durch ihn wurde die Nordgrenze der Mandschurei gegen russische Angriffe abgesichert. Nun war der Weg für den Tee über die Karawanenroute frei: Eine unvorstellbar lange Reise durch die Mongolei und Sibirien. Jedes Kamel trug etwa 600 Pfund Tee. Am Hofe der Romanows kam das Teetrinken in Mode.

Tee in Deutschland und Frankreich

Deutsche und Franzosen lernten den Tee über die Niederlande kennen. Ein gewisser Dr. Simon Paulli aus Rostock behauptete 1635, der Tee verliere außerhalb des Orients seine wundersame Wirkung und werde in unserem Klima sogar gefährlich. Die Gebiete Deutschlands, in denen das Teetrinken regelrecht Furore gemacht hat, sind Friesland sowie Bremen und dessen Umgebung. Erfreulicherweise läßt sich aber anhand neuester Daten feststellen, daß der Teeverbrauch in der Bundesrepublik allgemein ständig ansteigt. In Frankreich wehrten sich konservative Ärzte vehement gegen das neue Getränk. Die »Pro-Tee-Dissertation« von Jean de Mauvillain, die er Mitte des 17. Jahrhunderts schrieb, entfesselte einen regelrechten Aufruhr, und manche Ärzte gingen gar so weit, diese Schrift zu verbrennen. Der Titel der Doktorarbeit war: »Fördert chinesischer Tee den Geist?« Für den Verfasser eine rhetorische Frage. Das Collège de France entpuppt sich mit einer Kampagne gegen den Doktorvater Dr. Morissot als sehr konservatives Gremium. Inzwischen drangen über Missionare wie Alexandre de Rhodes positive Töne an die Ohren der Aristokratie. Eine zweite Dissertation von Pierre Cressy, »An Arthridi Thee Sinensium?« (1657) erregte weniger Widerspruch.

Nationalistische Franzosen wiesen auf allerlei Kräuterextrakte hin, die schon seit Jahrhunderten getrunken und jetzt auf einmal als »Tee« bezeichnet wurden: Salbei und Kamille zum Beispiel. Nicolaus de Blegny machte Ludwig XIV. darauf aufmerksam, daß in China und Japan niemand von Gicht geplagt würde, daß Epilepsie, Lähmung und Schlaganfälle dort unbekannt wären und dies dem Tee zu verdanken sei. Als die Franzosen den Tee näher kennenlernten, betrachteten sie ihn nicht länger als Heilmittel gegen alle möglichen Krankheiten. Die Gegner des Tees bestanden immer seltener darauf, daß es sich bei dem Getränk um ein Gift handle. Langsam nahm die exotische

Anziehungskraft des Tees und damit der Verbrauch in Frankreich rasch ab.

Am weitaus aufregendsten stellt sich die Geschichte des Tees in England dar. Zum ersten Mal ist in englischer Sprache von Tee in der Übersetzung eines Buches von Jan Nieuhoff die Rede, einem Holländer, der Mitglied einer Abordnung zum chinesischen Kaiser war und der in seinen Reisebericht ein Kapitel über »Wurzeln, Kräuter, Blumen, Gräser, Bäume und Früchte Chinas« aufgenommen hatte. Diese Übersetzung erschien 1669.

Im Jahr 1660 wurde die British East India Company gegründet, die wir im weiteren Verlauf als Ostindische Kompanie bezeichnen wollen, um keine Verwechslung mit ihrem niederländischen Äquivalent heraufzubeschwören. 1637 gingen die ersten vier englischen Schiffe in Kanton vor Anker, in Amoy wurde eine Faktorei gegründet; trotzdem blieben die Holländer bis etwa 1650 im Fernosthandel tonangebend. So kam der Tee auch aus Holland nach England. Zunächst waren es neugierige Aristokraten, die etwas von dem Kraut mitnahmen, allmählich blühte ein ganzer Handel auf. Seit der Navigationsakte von 1651 durf-

Die Faktoreien in Kanton vor 1821. Bei diesem Bild handelt es sich um eine chinesische Glasmalerei.

ten nur noch englische Schiffe den Tee aus Holland verfrachten. 1667 trat ein Totalverbot von Teeimport aus Holland in Kraft. Die Ostindische Kompanie erhielt ein Monopol.

Die Coffee-Houses

Wo konsumierten die Engländer ihren Tee und ihren Kaffee, der etwas früher bekannt geworden war? Vorwiegend in den Coffee-Houses, deren erstes 1650 in Oxford eröffnet wurde. Das war möglich geworden, nachdem Oliver Cromwell jüdischen Händlern, die aus Holland kamen, eine Niederlassungserlaubnis erteilt hatte. Diese Händler kannten Tee und Kaffee bereits von Amsterdam her. Die Institution des Coffee-House war im 17. und 18. Jahrhundert außerordentlich bedeutsam. Im Jahr 1700 existierten in England über 500 solcher Etablissements.

Die Versicherungsgesellschaft Lloyds begann ihre Geschäfte in einem Coffee-House, Thomas Twining startete 1706 sein Coffe-House im Strand, das auch von Damen aufgesucht werden konnte. Meistens waren diese Lokalitäten ausschließlich Gentlemen zugänglich, und mancher Londoner Club ist aus einem Coffe-House hervorgegangen.

Thomas Garway's warb 1657 für sein Londoner Coffee-House mit einer Geschichte, die dem Tee die phantastischsten Eigenschaften zuschrieb und die folgendermaßen endete: »Das Blatt besitzt so wohlbekannte Tugenden, daß gerade jene Völker, die für ihr Alter, ihr Wissen und ihre Weisheit bekannt sind, sich gegenseitig regelmäßig Tee für das Doppelte seines Gewichts in Silber verkaufen.« Am 20. September 1660 trank Samuel Pepys, der englische Schriftsteller, seine erste Tasse Tee. Die Gemahlin von Charles II., eine Portugiesin, war eine fanatische Teetrinkerin. Und, wie könnte es ausbleiben, die erste Teesteuer wurde erhoben: Ein Aufgeld auf den Import des

getrockneten Blattes. Die Steuer konnte aber die inzwischen erwachte Teebegeisterung nicht mehr eindämmen.

Schwerer ins Gewicht fielen die Maßnahmen von König Charles gegen die Coffee-Houses. Der Grund für diese Maßnahmen war klar. Vor allem in jenen Einrichtungen, die sich zu literarischen Clubs entwickelt hatten, den sogenannten Penny Universities (man bezahlte einen penny für eine Tasse Tee), wurde viel Kritik an der profranzösischen Politik des Königs laut. 1675 erließ Charles II. einen »Act for the Supression of Coffee-Houses«. Aber der äußerst heftige Unwillen der Betroffenen zwang ihn, bereits ein Jahr später dieses Gesetz wieder aufzuheben. Das 18. Jahrhundert brachte den Coffee-Houses einen empfindlichen Rückschlag; man trank den Tee jetzt vorwiegend zu Hause mit der ganzen Familie. Das Teekistchen (the Caddy) war immer versperrt, und die Frau des Hauses trug das Schlüsselchen dafür ständig bei sich, was auch als Hinweis darauf verstanden werden darf, daß der Tee damals sehr teuer war.

Viele Meinungen – Für und Wider

1775 sank der Preis, nachdem nun neben dem schwarzen Bohea-Tee (eine Verballhornung von Teehügeln in Fukien) auch grüner Tee nach England gelangte und sich das Teetrinken in allen Bevölkerungsschichten ausbreitete. Das stieß gleichfalls auf Widerspruch, etwa von Ökonomen, die der Ansicht waren, daß die niederen Stände ihr Geld sinnvoller anlegen könnten, wobei sie jedoch die positive Kehrseite der Medaille, daß nämlich der Tee den Alkohol verdrängte, außer acht ließen.

John Wesley, der Methodistenprediger, zog gegen Tee und Alkohol gleichermaßen zu Felde. Die Teekanne, die Josiah Wedgwood speziell für ihn anfertigte, änderte nichts daran. Es gab auch Moralisten, die im Tee einen Sittenverderber sahen und die vor den Verlockungen der Teegärten warnten. Das konnte höchstens für die »tea blenders« gelten, Mädchen, die in aristokratischen Diensten standen und deren Aufgabe sich möglicherweise nicht ausschließlich auf die Zubereitung von Tee für den Herrn des Hauses beschränkte. 1710 richtete der englische Dichter Alexander Pope ein etwas giftiges Gedicht an die Adresse von Queen Anne:

Here thou, great Anna, whom two realms obey
Dost sometimes council take, and sometimes tea.
(Du, große Anna, der zwei Reiche gehorchen,
Nimmst manchmal Rat und manchmal Tee zu dir.)

Abgesehen von der Kritik, daß Anne zu viel auf allerlei Höflinge hörte, geht aus diesem Gedicht noch etwas ganz anderes hervor: daß das englische Wort »tea«, damals noch wie das niederländische Wort »thee« (unser deutsches »Tee«) ausgesprochen wurde. In diesem Zusammenhang sei gesagt, daß die Aussprache »Tee« auf den Dialekt von Amoy zurückgeht, wo man so etwas wie »taj« hörte, während in reinem Kantonesisch die Aussprache mit »tscha« wiedergegeben werden kann. Für Europa gilt in der Regel, daß in all jenen Ländern, die ihren Tee auf dem Seeweg erhielten, die Amoy-Aussprache übernommen wurde, während sich dort, wo die Karawanen den Tee brachten (Rußland, Türkei), das Wort »tscha« durchgesetzt hat. Die Grenze verläuft mit dem tschechischen Wort »te« mitten durch die slawischen Sprachen. Portugal ist ein Fall für sich. Der Tee kam auf dem Seeweg, aber die Bezeichnung lautet »cha«.

Der Siegeszug des Tees nach Schottland vollzieht sich nur mühsam. Eine

Der Tee-Fanatiker Dr. Johnson beim Tee mit Mrs. Boswell.
Skizze von Collings und Rolandson, datiert 1786.

Dissertation von Dr. Thomas Short, »Discourses upon Tea« wirkte hier als starke Bremse, denn sie schildert, wie gefährlich der Genuß von Tee sein kann. Das Werk ist aber recht vielseitig auslegbar, und das führte zu zahlreichen Meinungsverschiedenheiten. Schottische Kirchenräte stellten Anträge, das Teetrinken generell zu verbieten, und die Bauern von Fullarton, Ayrshire, sagen: »Wenn man die schwache Konstitution der höheren Kreise, in denen dieses fremdartige Zeug getrunken wird, in Betracht zieht, dann brauchen wir es nicht; wer es sich aber erlauben kann, schwach, faul und unnütz zu sein, der kann unseretwegen . . .«

Ein Nachhutgefecht lieferte in England 1756 Jonas Hanway. Er war ein recht exzentrischer Mann, der sich zum Beispiel für die Schornsteinfeger einsetzte und sich als erster mit einem Schirm vor dem englischen Regen schützte. Er veröffentlichte einen »Essay on Tea«, worin er behauptete, daß das Gesöff der Gesundheit schade, den Fleiß lähme und die Nation verarmen ließe. Darüber erboste sich der berühmte Dr. Johnson wieder, der übrigens heute als Objekt wissenschaftlicher Studien sehr gefragt ist. Johnson, dessen Kessel kaum Zeit fand abzukühlen, der mit Tee seine Abende verschönte, mit Tee Trost vor der Mitternacht suchte und mit Tee den Morgen begrüßte, zerriß Hanways Thesen in der Luft; allerdings pflichtete er ihm darin bei, daß Tee für die niederen Klassen weniger geeignet sei.

Der Teeschmuggel

Es gibt auch zwei weniger erhebende Kapitel in der Geschichte des Teehandels im England jener Tage. Das war einmal der weit verbreitete Schmuggel, der solche Ausmaße annahm, daß zu einem bestimmten Zeitpunkt zwei Drittel des verbrauchten Tees Schmuggelware gewesen sein muß. Das andere war die wirklich

Teeschmuggel in England. Die Teekisten werden an Land gebracht, während im Vordergrund ganz offensichtlich ein Teepicknick stattfindet.

himmelschreiende Pfuscherei, die mit Tee betrieben wurde. »Adulteration« nannten es die Engländer. 1825 belegte der britische Zoll das Pfund Tee mit einer Importsteuer von 25 pennies, wobei der Wert des Tees keine Rolle spielte. Der billigste Tee kostete daraufhin 35 pennies je Pfund, nicht gerade preiswert, wenn man bedenkt, daß damals ein Bauernknecht einen Wochenverdienst von 40 pennies hatte. Auf dem Kontinent konnte man Tee geringer Qualität für weniger als 5 pennies je Pfund kaufen. Der Teeschmuggel über die Nordsee und den Kanal setzte schon bald ein. Niederländische Kutter brachten die Schmuggelware vor die englische Küste, wo nachts kleine Schiffe auftauchten, um die Ladung an Land zu schaffen. Dort wurde der Tee an den unmöglichsten Orten versteckt, manchen Küster bezog man in das Komplott mit ein. Der Teeschmuggel wurde ein so einträgliches Geschäft, daß es in Kent nicht mehr genügend Landarbeiter gab. Durch ihre Steuerfreiheit strich vor allem die Isle of Man gewaltige Profite ein. Bis der Premierminister William Pitt im Jahr 1784 die Teesteuer aufhob, waren jährlich 7 Millionen Pfund ins Land geschmuggelt worden. Dem standen 5,5 Millionen legal eingeführten Tees gegenüber. Pitt erließ auch eine Amnestie für die Schmuggler, die sich im allgemeinen großer Popularität erfreuten.

Das Teepfuschen hatte zur Folge, daß ganze Eschenwälder dem Beil zum Opfer fielen. Auch der Schlehdorn lieferte viele »Teeblätter«. Schießpulver und Sägemehl wurden ebenfalls zwischen den grünen Tee gestopft. Ein Gesetz von 1777 belegt die Teepfuscherei mit einer Buße von 5 Pfund pro Pfund Gewicht oder einer Gefängnisstrafe von 12 Monaten. Recht hübsch ist die Geschichte von dem alten Landstreicher, der am Stadtrand von Brüssel beim Unkrautpflücken angesprochen und gefragt wurde, was er sammle: »Tee für die Engländer«, antwortete er.

Eine gewisse Vorstellung vom Umfang des Teehandels in England zur Zeit des 18. Jahrhunderts vermittelt die Tatsache, daß 1785 ca. 30 000 Groß- und Einzelhändler als Teekaufleute registriert waren. Der von ihnen verkaufte Tee wurde entweder zu Hause oder im Teegarten getrunken. Der »tea garden« lag am Rand der großen Stadt, wo die gesamte Familie hingehen konnte und wo kaum ein Unterschied zwischen den diversen gesellschaftlichen Klassen herrschte. Der bekannteste Teegarten war Vauxhall: Ein Garten mit Pfaden, Sträuchern, Blumenbeeten, Teichen, Springbrunnen und Standbildern, Geißblatt- oder Efeulauben zum Wohlgefallen der Teetrinker. Im Freien konnten auch Konzerte abgehalten werden. Bei schlechtem Wetter zog man sich in die Rotunde zurück. Daß

Familie in einem Londoner Teegarten im 18. Jahrhundert.

dort nicht ausschließlich nette Familien ihren Tee einnahmen, läßt sich aus einer Verordnung des Jahres 1752 ablesen, nach welcher Teegärten einer Lizenz bedurften. Die große Ausbreitung Londons im 19. Jahrhundert bedeutete das Ende für die meisten Teegärten.

Zu Beginn des 19. Jahrhunderts kamen Low Tea und High Tea auf.

Low Tea entwickelte sich in aristokratischen Kreisen: Ein leichter und teurer Imbiß von Törtchen und leichtverdaulichen Sandwiches, die einem wieder etwas Energie bis zum Dinner um acht, neun Uhr zuführten. High Tea begann in der bürgerlichen Mittelklasse: Man aß mittags eine reichliche Mahlzeit, und nach der Heimkehr von der Arbeit nahm man dann nochmals Tee mit den Resten des Mittagessens zu sich oder mit kaltem Fleisch, Salaten, Käse.

1849 begann Lyons mit seinen Teashops, die vor allem bei der stetig wachsenden Zahl von Büroangestellten eine Bedarfslücke füllten.

Gladstone, Premierminister unter Victoria, war übrigens ein fanatischer Teetrinker: Nachts füllte er seine Wärmflasche mit Tee, um sein Lieblingsgetränk immer bei sich zu haben und um seine Füße zu wärmen.

Teehandel in Amerika

Nach Amerika kam der erste Tee um 1660. Er wurde von Holland nach Neu-Amsterdam verschifft. Auch als 1664 die Engländer die Stadt unter dem Namen New York übernahmen, blieb der Tee das Lieblingsgetränk. An einigen Stellen gab es Pumpen für das köstlichste Tee-

Beliebter Treffpunkt in New York: die Teewasser-Pumpen.

wasser. Und auch New York hatte seinen Vauxhall Tea Garden. Daß in den Vereinigten Staaten heute überwiegend Kaffee getrunken wird, hat einen ganz besonderen Grund.

Wie gelangte der Tee nach Amerika? Die Ostindische Kompanie brachte ihn aus China nach England und bezahlte dort eine Importsteuer. Daraufhin wurde der Tee auf der Versteigerung der Kompanie an die Engländer verkauft, die ihn dann ihrerseits wieder nach Amerika verschifften. Dort kauften ihn amerikanische Kaufleute, die eine Lizenz dafür haben mußten. Die Kolonialautoritäten belegten ausgerechnet den Tee mit einer hohen Steuer, und wenn auch im allgemeinen die Steuern in den amerikanischen Kolonien, objektiv betrachtet, keineswegs hoch waren, so fühlte man sich doch faktisch dem Mutterland wirtschaftlich ausgeliefert. Die Steuern flossen außerhalb parlamentarischer Kontrolle und ohne jegliches Mitspracherecht der lokalen politischen Instanzen direkt in die Staatskasse.

Die Boston-Tea-Party

Da die Besteuerung des (guten) Tees der Ostindischen Kompanie so hoch war, wurde massenweise auch (schlechter) holländischer Tee nach Amerika geschmuggelt. 1770 setzte die britische Regierung die verhaßte Townsend Akte außer Kraft, aus Prestigegründen blieb aber eine Steuer bestehen, nämlich die Teesteuer, augenscheinlich eine recht unerhebliche Steuer von 3 pennies pro Pfund. Inzwischen aber war die Teesteuer zu einem Präzedenzfall geworden. Die Amerikaner verlegten sich ausschließlich auf holländischen Tee und brachten damit John Company zur Verzweiflung. Die Ostindische Kompanie erreichte im Jahr 1773, daß sie den Tee – einen erstklassigen Tee mit einer niedrigen Verbrauchssteuer – selbst in die Kolonien verschiffen und dort über eigene Agenten verteilen durfte. Sowohl die britischen Exporteure als auch die amerikanischen Teehändler waren wütend, und von diesem Augenblick an gab es kein Halten mehr. Die Amerikaner begannen, den Tee zu boykottieren, ein Schlag, den dieses Getränk eigentlich bis heute nicht verwunden hat: Der Kaffee trat seinen Siegeszug an. Die Propaganda gegen die Ostindische Kompanie, das Werkzeug des Imperialismus, wirkte recht theatralisch, aber die Folgen waren greifbar. In Boston explodierte die Bombe. Im November 1773 wurde Tee zum allgemeinen Reizwort. In Philadelphia drohte man den Lotsen, die Teeschiffe in den Hafen hereinführten, mit Teeren und Federn.

Am 28. November lief die Dartmouth

mit einer Ladung Tee in Boston ein. Kapitän Totsch erklärte sich bereit, mit dem Tee zurückzukehren, aber der Gouverneur verweigerte eine dafür erforderliche Zollerklärung.

In eine Sitzung des Stadtrats mit dem Gouverneur platzte eine Gruppe von Amerikanern, die sich als Indianer vermummt hatten. Die Gemüter erhitzten sich gefährlich, und man zog zur Werft. Die 90 Indianer stürmten die Dartmouth und warfen den Tee über Bord, 342 Kisten in drei Stunden. Das war am 16. Dezember 1773.

Auch in anderen Häfen erging es dem Tee ähnlich. Die Berichte darüber erreichten England nicht gerade schnell. Benjamin Franklin, der sich zu der Zeit

Die als Indianer verkleideten Amerikaner, denen es am 16. Dezember 1773 gelang, die Dartmouth zu entern.

dort aufhielt, fürchtete um das Image der Kolonien in Europa. Die öffentliche Meinung in England erregte sich nicht übermäßig. J. M. Scott hatte alle einschlägigen Berichte in den englischen Zeitungen dieser Zeit verfolgt und kam zu dem Schluß, daß man die Schuld eher der eigenen englischen Regierung zuschob.

In Stichworten der weitere Verlauf der Ereignisse: Die Regierung in London setzte die Boston Port Bill durch, die die Schließung des Bostoner Hafens anordnete und damit den Handel ruinierte. Bei der Ankunft von Truppen entstand eine offene Revolte. Aus dem nun folgenden Krieg gingen die Vereinigten Staaten hervor.

Viele Menschen in Großbritannien machten die ostindische Kompanie, in der zahlreiche Parlamentsmitglieder Geschäftsbeteiligungen besaßen, für den Verlust des Imperiums im Westen verantwortlich. Ihre Tage waren gezählt. Bis zu diesem Zeitpunkt war die Geschichte der Ostindischen Kompanie eine einzige Erfolgsstory: 1664 bezog sie ihr eigenes Haus im portugiesischen Macao, 1684 wurde eine Faktorei bei Kanton bezogen, im Jahr darauf eine Manufaktur in Amoy eröffnet. 1715 legten die britischen Schiffe in Kanton an, und 1771 erhielt die Kompanie das Recht, während eines Teils des Jahres ihre Geschäfte an Land zu betreiben. Für England besaß sie ein Monopol, obwohl einige unternehmerische britische Frachtfahrer unter fremder Flagge operierten. Die Konkurrenz der Holländer, Portugiesen, der österreichischen Ostende Kompanie und seit 1784 der Amerikaner konnte ihr nichts anhaben. 1766 verschifften die Engländer 6 Millionen Pfund Tee, die Holländer 4,5 Millionen und die übrigen 3 Millionen. Im 19. Jahrhundert liefen die Geschäfte weniger gut. Napoleons Kontinentalsperre wirkte sich aus. Im Land selbst wurde der Widerstand gegen die Monopolstellung der Gesellschaft immer größer, die übrigens immer noch riesige Gewinne in China machte, und zwar durch den Opiumhandel. Das Opium wurde in Indien und der Türkei angebaut. Aus der Türkei brachten es die Amerikaner nach China. Die Ostindische Kompanie spielte ein durchtriebenes Spiel: In Kalkutta versteigerte sie das Opium, und was danach geschah, ging sie sozusagen nichts mehr an.

Die Schiffe, die im 17. und 18. Jahrhundert den Tee aus China nach England brachten, die East Indians, mochten hinsichtlich Ihres Umfangs nicht so imposant sein, dennoch gehörten sie zu den bestausgerüsteten Handelsschiffen. Auch die Besatzung war wesentlich disziplinierter als auf anderen Schiffen. Da sie häufig eine Tonnage von 499 Tonnen hatten, galt als Regel, daß ab 500 Tonnen ein Pfarrer an Bord genommen werden mußte.

Die Teeschiffe

Die berühmtesten Teeschiffe sind jedoch die Tea Clipper, über die sich unglaublich viel erzählen ließe.

Die Entwicklung der Yachtschiffahrt geht insofern auf den Tee zurück, als die Schmuggler vor der britischen Küste auf ihrer Flucht vor den Zollbooten daran interessiert waren, Schiffe zu haben, die so schnell wie möglich waren. Und die Amerikaner benötigten schnelle Schiffe für den gefährlichen Opiumhandel mit China. Der Baltimore Clipper wurde eingesetzt und zeigte sich erfolgreich. Das Wort ist abgeleitet aus dem Slangwort clip, was soviel wie schnell bedeutet. Diese Clipper waren für den Teehandel zu klein, deshalb lief 1845 in New York ein speziell gebautes Schiff, die Rainbow,

Der Teeklipper Taeping, der durch das Wettrennen mit der Ariel und der Serica 1866 berühmt wurde.

von Stapel, das 750 Tonnen laden konnte. Pessimisten behaupteten, daß die Rainbow in den vom Taifun gepeitschten Gewässern des chinesischen Meeres schnell sinken würde. Nichts erwies sich als weniger wahr. Die Jungfernfahrt wurde zur Sensation: Im Februar setzte der Clipper in New York Segel, und im September war er zurück. Auf dieser ersten Fahrt hatten sich die Kosten längst amortisiert. Ein sehr schneller Clipper war die in Amerika gebaute Lightning, die einmal 436 Seemeilen in 24 Stunden zurücklegte, eine Durchschnittsgeschwindigkeit von 18 Knoten, Rekord aller Zeiten für ein Segelschiff. Inzwischen wurden 1849 die britischen Navigationsgesetze außer Kraft gesetzt. Fieberhaft bauten die Briten nun selbst Clipper, und sie bestellten die erwähnte Lightning in den Vereinigten Staaten. Nun kam es zu den berühmten Clipperrennen, bei denen es darum ging, wer als erster den chinesischen Tee zur Versteigerung in der Mincing Lane brachte. Am berühmtesten wurde das Rennen von 1866 zwischen der Ariel, der Taeping und der Serica. Sobald die Schiffe vor Ramsgate lagen, wurde das große Publikum von einer ungeheuren Aufregung ergriffen. Wenn sich nachts der Wind drehte und der Weg themseaufwärts frei zu sein schien, wurde unverzüglich der Teekäufer geweckt, das allerdings häufig umsonst.

Anbauversuche der Europäer in Indien, auf Ceylon und Java

Assam war ein wüstes Gebiet am Brahmaputra, wo sich im 19. Jahrhundert Ahamis und Birmesen bekämpften. Ein schottischer Major, Robert Bruce, verdingte sich einmal an diese, dann an jene Partei. Nicht deshalb wird er hier erwähnt, sondern weil er 1823 entdeckte, daß die Bevölkerung Assams Tee aus den Blättern einer einheimischen Pflanze machte, einer Varietät der camellia sinensis. Im allgemeinen nimmt man heutzutage an, daß die Teepflanze von Assam nach China herübergeweht wurde. Robert erzählte seinem Bruder Charles, der den Brahmaputra mit einem Kanonenboot befuhr, von seiner Entdeckung. Charles wiederum sorgte dafür, daß diese Teepflänzchen aus Assam in den Botanischen Gärten von Kalkutta angepflanzt wurden. Solange die Ostindische Kompanie noch das Monopol auf den Teehandel mit China besaß, war an einen Teeanbau in Assam oder Indien nicht zu denken. Das Monopol erlosch aber im Jahr 1835, und das veränderte die Situation.

Die Briten brachten das abgelegene, unzugängliche Assam rasch unter ihre Kontrolle. Europäische Pflanzer und Arbeiter aus China starben zu Hunderten im ungünstigen Klima Assams. Erst von

1852 an warf der Tee aus Indien Gewinne ab. Die Propaganda, diese Gewinne kämen den armen Paharis zugute, den Einwohnern im Himalaya von Simla bis Nepal, ist außerordentlich irreführend: Es entstanden nämlich ausgedehnte Plantagen in europäischen Händen, die im allgemeinen chinesische Arbeitskräfte beschäftigten. Wir haben bereits über Versuche von Holländern gesprochen, auf Java Tee zu pflanzen. So probierte Dr. Andreas Cleger, Teesamen aus Japan im Garten seines Hauses in Batavia zu ziehen: ohne Resultat. 1728 wurde mit größerem Nachdruck experimentiert, denn die Konkurrenz aus den österreichischen Niederlanden nahm stark zu. Die Herren Zeventien drängten auf die Anpflanzung von Tee auf Java, am Kap und auf Ceylon, sowie auf den Einsatz chinesischer Arbeitskräfte.

Regierungsautoritäten und Kolonialverwaltung erhoben aber noch ziemlich viele Einwände, und als der Konkurrenzdruck abnahm, ließ man die Pläne fahren.

Eine Teesaat, die Major von Siebold aus Japan mitgebracht hatte und die in den botanischen Gärten von Bogor/Buitenzorg angepflanzt wurde, erweckte Hoffnungen. Der Franzose Diard wurde als Spion nach Indien geschickt, um herauszufinden, wie es die Engländer anstellten. Teepflanzern wurde Unterstützung aus öffentlichen Mitteln zugesagt.

Lieber noch als Assamtee wollte man aber chinesischen Tee sowie Informationen über die Teekultur in China in die Hände bekommen.

Ein großer Abenteurer war der Kaufmann Jacobsen aus Rotterdam (1799–1849), dem es gelang, in das Hinterland von Honan zu kommen und dort die Anpflanzung von Tee zu beobachten. Das behauptet er zumindest in seinem »Handbuch über die Kultur und Fabrikation von Tee« aus dem Jahr 1843. 1829 kehrte Jacobsen mit einer Kollektion von Teepflanzen und zwölf chinesischen Arbeitern aus Fukien zurück. Die Arbeiter wurden in eine Rauferei verwickelt und fanden dabei den Tod. Wieder reiste Jacobsen nach China; dort hatte die Regierung einen hohen Preis auf seinen Kopf ausgesetzt. Die Mandarine fingen zwar seinen Dolmetscher, aber unser Held konnte entkommen. Im Krawangdistrikt auf Java begann man mit einem Teegarten und einer Fabrik. Erst 1878 wurden Saaten aus Assam importiert, und die Teekultur auf Java begann zu blühen.

Auf Ceylon verursachte die hemileia vastatrix, ein für Kaffeepflanzen tödlicher Rostpilz, eine totale Verwüstung unter den Kaffeepflanzen. Einige tüchtige Pflanzer stiegen auf Tee um; das Ergebnis ist bekannt. 1878 wurde der erste Tee außerhalb Asiens gepflanzt, genauer gesagt, in Nyassaland, dem heutigen Malawi.

Vom Teestrauch

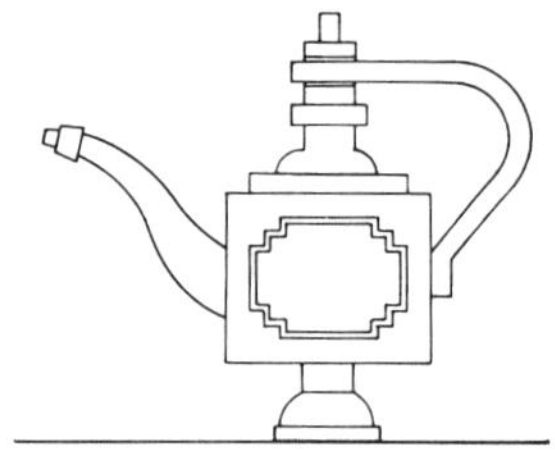

Dieses Thema ist so unerschöpflich, daß es im Rahmen eines einzigen Kapitels nur notdürftig skizziert werden kann.

Botaniker unterscheiden folgende Arten von Teesträuchern, die übrigens alle eng miteinander verwandt sind:

Die camellia sinensis. Der chinesische Teestrauch. Auch wenn er nicht gestutzt wird, bleibt er ein Strauch mit einer maximalen Höhe von 3 bis 4 Metern. Die Sinensis ist gut geeignet für die gemäßigten Zonen (China, Japan) und kann in Georgien sogar Schnee und Frost ertragen.

Die camellia assamica. Unbeschnitten kann sie zu einem hohen Baum von 15 bis 20 Meter Höhe wachsen. Die Blätter können eine Länge von 35 Zentimeter erreichen.

In Nordbirma und Nordthailand wächst eine Teesorte, die auch unter dem Namen »kleinblättriger Assam« bekannt ist. Sie wächst wild und ist noch ziemlich unerforscht.

Zwischen der sinensis und der assamica bestehen verschiedene Kreuzungen oder Hybriden, die viel verwendet werden. Ihr Name deutet bereits an, daß die Teepflanze zur Familie der Kamelien gehört. Sie trägt ganzjährig dunkelgrüne lederartige Blätter. Die Blüte besteht aus kleinen rosa Blümchen, die denen des Jasmins gleichen. Die Früchte ähneln der Muskatnuß. Zum Anbau werden sie übrigens immer weniger genutzt, denn man favorisiert heutzutage die sogenannte vegetative Vermehrung, das heißt den Anbau von Stecklingen einer Mutterpflanze, die sich als besonders produktiv und resistent gegen Erkrankungen gezeigt hat. Auf einer Plantage von Brooke Bond in Südindien steht eine Pflanze, die mit Sicherheit drei Millionen andere Teesträucher hervorgebracht hat!

Am wichtigsten für die Teequalität ist das Klima, die Bodenbeschaffenheit und natürlich die Pflege, die man einer Pflanze angedeihen läßt. Die Teepflanze

Ein Teezweig (camellia sinensis) mit den jasmin-
ähnlichen Blüten und Früchten.

ist unglaublich zäh: Nasse Füße sind das einzige, was sie auf keinen Fall vertragen kann. Wichtig sind Bäume, die Schatten werfen, ideal ist ein vulkanischer Boden, auf dem zunächst Urwald stand. In Hügel- und Berglandschaften werden häufig Terrassen angelegt, um Erosionen vorzubeugen.

Auf einer modernen Plantage in Indien, Ceylon, Indonesien werden die Sträucher in einem Abstand von 0,7 bis 1,4 Meter gepflanzt und so geschnitten, daß sie leicht gepflückt werden können. Nach drei Jahren (in hochgelegenen Gebieten später) kann zum ersten Mal geerntet werden.

Vorsichtiger Beschnitt ist auch später noch von Zeit zu Zeit notwendig. Vor allem in tropischen Gegenden, in denen das ganze Jahr geerntet werden kann, führen der Pflanzer und seine Mitarbeiter einen beständigen Kampf gegen Unkraut und Krankheiten. Gepflückt werden die jungen Triebe, an denen sich eine Blattknospe mit zwei, beziehungsweise drei oder vier Blättchen befindet. Manche Le-

ser kennen vielleicht den Begriff: »Two leaves and the bud«: Die Blattknospe ist schmal und ungeöffnet, die zwei Blättchen sind zart, saftig und grün. In niedrigen Lagen kann alle sieben Tage gepflückt werden, auf großer Höhe muß häufig eine Pause von etwa zehn Tagen eingehalten werden!

Wann und wie oft die Pflückungen durchgeführt werden und wie die einzelnen Jahreszeiten die Qualität des Tees beeinflussen, will ich bei den einzelnen Ländern erklären.

Frauen eignen sich am besten, auf den Plantagen sorgfältig und trotzdem schnell den Tee zu pflücken. Sie tragen große Körbe auf dem Rücken, deren Inhalt an einer Sammelstelle abgeliefert und in der Fabrik weiter bearbeitet wird.

Die traditionelle Aufbereitung besteht aus folgenden Prozessen: Welken, Rollen, Fermentieren, Trocknen und Sortieren. Auf diese einzelnen Phasen wollen wir noch etwas näher eingehen.

Wie Tee entsteht

Das Welken

Wenn das grüne Blatt die Fabrik erreicht, wird es zunächst noch einmal gewogen und die Menge registriert. Dann beginnt der Welkprozeß, wobei dem grünen Blatt etwa 30% der Feuchtigkeit entzogen werden, um das Blatt weich und geschmeidig zu machen für das anschließende Rollen. Es gibt zwei Hauptarten:

- einmal das natürliche Welken durch Ausbreiten des Blattes auf Horden, die mit Jute, Draht oder in neuerer Zeit mit Nylon-Netzen bespannt sind. Je nach Witterung und dem sich daraus ergebenden Feuchtigkeitsgehalt des Blattes dauert das 14 bis 18 Stunden.
- zum anderen das moderne Welken in Welktrögen von 25 bis 30 Meter Länge, die mit Drahtgittern bespannt sind. Die grünen Blätter werden in die Welktröge gefüllt und mit Hilfe von Ventilatoren belüftet, wobei die Luft auch erwärmt werden kann, wenn die Blätter zum Beispiel sehr viel Feuchtigkeit enthalten. Auf manchen Plantagen sind die Ventilatoren umschaltbar, und man läßt die Luft jeweils zwei Stunden in eine Richtung und dann eine Stunde in die entgegengesetzte Richtung blasen und hat hiermit sehr gute Erfahrungen gemacht. Auf jeden Fall wird beim Welken in Trögen die Welkdauer auf 8 bis 12 Stunden verkürzt.

Das Rollen

Durch das Rollen der gewelkten grünen Blätter sollen die Zellen aufgebrochen werden und der Zellsaft mit dem Sauerstoff der Luft in Verbindung kommen. Mit dem Rollbeginn setzt die Fermentation ein, ebenso die Entwicklung der ätherischen Öle.

Das Rollen dauert jeweils 30 Minuten, wobei abwechselnd unter Druck durch Niederdrehen einer Preß-Spindel und ohne Druck gerollt wird. Anschließend wird die Rollmaschine entleert und das bereits etwas saftfeuchte, dunkelgrün gefärbte, zusammengeklumpte Blatt zum »Ballbreaker« gebracht, das ist eine mechanische Rüttel-Siebmaschine für das grüne Blatt.

Das hier ausgesiebte feinste Blatt wandert zum Fermentieren. Man nennt dies den »1. Dhool«. Das übrige Blatt geht erneut für 30 Minuten in die Rollmaschinen. Die Aussiebung in der Grünblatt-Siebmaschine ergibt den »2. Dhool«, der dann zur Fermentation geht. Erneutes Rollen für 30 Minuten bringt den »3. Dhool« und das grobe Blatt, welches später geschnitten wird.

In einigen modernen Teefabriken wird im Anschluß an das Rollen und Grünblatt-Sieben eine Rotorvane-Maschine verwandt. Das grüne Blatt läuft hier auf einer langsam rotierenden Schnecke durch einen Zylinder, in den gleichzeitig Sauerstoff eingeblasen wird, zur Beschleunigung der Oxydation (Fermentation).

Vorstehende Schilderungen betreffen die orthodoxe Produktions-Methode. Heute verarbeitet man jedoch in Indien bereits über 50% des Tees nach der CTC-Produktion:

CTC heißt
Crushing (Zermalmen)
Tearing (Zerreißen)
Curling (Rollen)

Hierbei wird das grüne Blatt ebenfalls zunächst gewelkt, dann jedoch nur einmal 30 Minuten gerollt und im Anschluß an die Grünblatt-Siebung in der CTC-Maschine zwischen gedornten Walzen zerrissen. Stengel und Blattrippen werden so weit wie möglich ausgeschieden, und nur das zerkleinerte »Fleisch« des grünen Blattes wird weiterverarbeitet, das dann direkt zum Fermentationsraum gebracht wird.

Die Fermentation

Die Fermentation ist ein Oxydations- und Gärungsprozeß des beim Rollen austretenden Zellsaftes.

Die Fermentation oder Oxydation beginnt – wie erwähnt – bereits mit dem Rollprozeß. Die Gesamtdauer beträgt etwa 2 bis 3 Stunden, gerechnet vom Beginn des Rollens bis zum Beginn des Trocknens im Tee-Trockner. Das vom Ball-Brechen beziehungsweise von der CTC-Maschine kommende grüne Blatt wird im Fermentationsraum auf dem Boden etwa 10 Zentimeter hoch ausgebreitet. Der Raum wird in modernen Fabriken mit Wasser versprühenden Ventilatoren befeuchtet. Während der Oxydation verfärbt sich das Blatt und nimmt eine kupferrote Färbung an. Wir finden diese Farbe wieder im feuchten Teeblatt beim Teeaufguß in unserer Teekanne. Der Fermentationsmeister prüft immer wieder den Stand der Oxydation, vor allem am Geruch des feuchten Blattes. Von der richtigen Fermentation beziehungsweise Oxydation hängt sehr wesentlich die Qualität des fertigen Tees ab.

Das Trocknen

Wenn der Höhepunkt der Fermentation erreicht ist, den der Geruch und die kupferrote Farbe des feuchten Blattes anzeigt, erfolgt das Trocknen, fälschlicherweise oft als »Rösten« bezeichnet. Hierfür werden Etagentrockner verwendet, die den Tee auf einem Laufband aus Metall mit Heißluft bei einer Temperatur von etwa 85–88 °C trocknen. Trocknungsdauer etwa 20 bis 22 Minuten. Dabei wird restliches Wasser entzogen. Das beim Fermentationsvorgang kupferrot gefärbte Teeblatt wird langsam dunkler, bis der schwarze Tee entsteht. Später, beim Teeaufguß, wird der eingedickte Saft des Tee-Blattes mit kochendem Wasser wieder aufgelöst. Das Ergebnis ist ein aromatisches und anregendes Getränk, das je nach Teesorte verschieden gefärbt ist.

Der schwarze Tee, der den Tee-Trockner verläßt, ist jedoch erst sogenannter Roh-Tee, der jetzt durch Siebmaschinen in die verschiedenen Blattgrade sortiert wird.

Die fermentierten Teeblätter werden auf die Trokkenregale gelegt.

Die Blattgrade (grades) sind nur eine Aussage über die Blattgröße der einzelnen Tees, nicht aber über deren Qualität.

Das Sortieren

Orthodoxe Produktion

An der indischen orthodoxen Produktion wollen wir die Mengen und Typen darstellen, die bei diesem Herstellungsverfahren entstehen.

Mechanische Rüttelsiebe sortieren das schwarze Blatt in die handelsüblichen Größen, die auf den verschiedenen Plantagen zum Teil unterschiedliche Bezeichnungen haben. Die Blattgröße und das Aussehen (tips) beeinflussen diese Bezeichnungen. Das Wort Pekoe ist aus dem chinesischen Wort Pa ho = Weißes Haar abgeleitet.

Blatt-Tees

Flowery Orange Pekoe (FOP)
Golden Flowery Orange Pekoe (GFOP) oder Tippy Golden Flowery Orange Pekoe (TGFOP)
Orange Pekoe (OP)
Pekoe (P)
Souchong (S)

Kleinblättrige Tees

Flowery Broken Orange Pekoe (FBOP)
Broken Orange Pekoe (BOP)
Broken Pekoe, geschnitten (BP)
Broken Pekoe Souchong (BPS)
Orange Fannings (OF)
Pekoe Fannings (PF)
Dust (D)

Für Ceylon-Tees gibt es noch folgende Bezeichnungen:

Blatt-Tees

BOPI anstelle des indischen Pekoes (P)
Pekoe oder Flowery Pekoe ist die Bezeichnung für ein kugelförmiges Blatt.
Broken Pekoe Fannings (BPF)

Kleinblättrige Tees

Broken Orange Pekoe Fannings (BOPF)
Flowery Broken Orange Pekoe Fannings (FBOPF)

CTC Produktion

Bei der CTC-Fabrikation gibt es keine Blatt-Tees, weil das grüne Blatt in der CTC-Maschine völlig zerrissen wird:

Broken Pekoe (BP)
Pekoe Fannings (PF)
Pekoe Dust (PD)

Kleine Sortenkunde

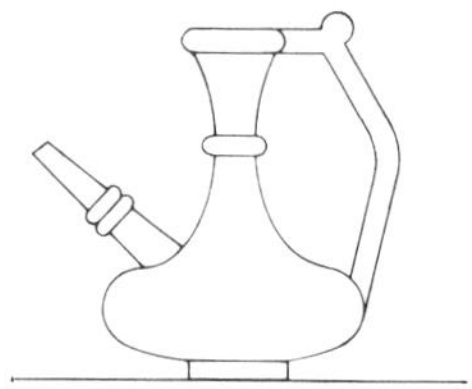

Die Teesorten haben meist sehr lange und sehr fremdländisch klingende Namen, wie etwa: Darjeeling Flowery Orange-Pekoe (Darjeeling FOP) oder Ceylon-Broken-Orange-Pekoe (Ceylon BOP). Dazu muß man wissen, daß diese Sorten-Namen zwei wesentliche Unterscheidungsmerkmale enthalten:

- Unterscheidung der Teesorten nach dem Ursprungsland beziehungsweise Anbaugebiet.
- Unterscheidung nach der Blattgröße, der Fachmann sagt Blattkorn, und dem Aussehen des Blattes.

Daneben gibt es noch eine ganze Reihe von Bezeichnungen für bestimmte Mischungen, zum Beispiel Englische Mischung, Ceylon Hochland, Ostfriesische Mischung, Russische Mischung.

Unterscheidung nach dem Anbaugebiet

Wie schon gesagt, ist für das Aroma und die Güte des Tees nicht nur die Pflanze, sondern vor allem das Anbaugebiet, das Klima, die Bodenbeschaffenheit sowie die Lage und die Verarbeitung maßgebend – genau wie Sie es vom Wein her kennen. Mit der Einteilung in Mosel-, Pfalz- oder Frankenweine ist auch schon eine bestimmte Geschmacksrichtung angegeben. Innerhalb jeder dieser Weinsorten können Sie verschiedene Güteklassen kaufen, also einen billigen Mosel oder eine Spitzensorte. Schon die verschiedenen Jahrgänge ergeben Unterschiede. Genauso ist es bei dem Tee.

Ein besonders aromatischer Tee kommt aus Darjeeling, einem Distrikt in Nord-Indien, an den Südhängen des Himalajagebirges. Infolge der Höhenlage (2000 bis 3000 Meter) hat dieser Tee ein besonders ausgeprägtes Aroma: beim first flush (erster Trieb) zart und duftig, beim secound flush (zweiter Trieb) würzig und kräftig. Der first flush Darjeeling zeigt einen hellen Abguß, der second flush Darjeeling eine kräftigere Färbung.

Er besitzt oft einen muskatellerartigen Geschmack. Darjeelings sind aber nicht annähernd so dunkel im Abguß wie Assamtees. Die Farbe des Abgusses hängt also nicht nur von der Ziehdauer und der Teemenge ab, sondern auch von der Sorte.

Das größte zusammenhängende Teeanbaugebiet der Welt ist die nordindische Provinz Assam, zu beiden Seiten des Brahmaputra. Der Assamtee ist ganz besonders schwer, kräftig und würzig im Geschmack, besonders dunkel in der Farbe und hat einen typischen, aber angenehmen »Nachgeschmack«, der noch lange auf der Zunge bleibt. Er ist so kräftig, daß er es mit jedem Wasser aufnimmt und ist darum in vielen Mischungen enthalten; eine der bekanntesten bei uns ist die ostfriesische Mischung, deren Basis Assamtee ist. Dieser Tee eignet sich besonders gut, um mit Milch oder Sahne getrunken zu werden.

Nilgiri und Travancore sind die südindischen Tee-Anbaugebiete. Diese Tees werden fast ausschließlich in Mischungen verwandt. Tees aus dem Hochland von Nilgiri, in Höhen von etwa 2000 Metern gewachsen, zeigen – insbesondere im Frühjahr – ein besonders ausgeprägtes Aroma, das dem des Ceylon-Hochland-Tees ähnlich ist; diese Tees gelten als aufmunternd und ziemlich duftig. Der Ceylontee hat ein spezielles Aroma und einen sympathischen, herben Geschmack. Farblich liegt er zwischen dem Darjeeling- und dem Assamtee. Er »steht golden in der Tasse«, wie es in der Fachsprache heißt.

Die hochwertigsten und aromatischsten Ceylontees werden im Juli/August im Uva-Distrikt im Osten der Insel geerntet, im Frühjahr im westlichen Dimbula sowie im Nuwara-Eliya-Distrikt. Diese Hochland-Tees wachsen in Höhenlagen von 4500 bis 6600 Fuß (1500 bis 2200 Meter). Sie sind äußerlich an dem leicht rötlichen Schimmer des Blattes erkennbar. Ferner gibt es mittlere Ceylontees, ebenfalls von angenehm herbem Geschmack und sorgfältiger Verarbeitung, sowie die »niedrig gewachsenen« (low grown) Ceylons mit schwarzem Blatt und dunklem Abguß, jedoch weniger ausgeprägtem Ceylon-Aroma.

Unterscheidung nach Blattgröße beziehungsweise dem Blattkorn (Sortierung)

Während vor dem letzten Krieg der Blatt-Tee noch eine bedeutende Rolle spielte, werden heute fast in der ganzen Welt die kleinblättrigen Tees bevorzugt. Neuerdings gibt es jedoch einen starken Trend zum Blatt-Tee, besonders in Westeuropa, da die Aromatees fast alle auf Blatt-Basis hergestellt werden.

Eine Ausnahme bilden die Darjeelings. Hier werden die Blatt-Tees wegen ihres besonders feinen Aromas sehr geschätzt.

Im übrigen wird aber auf den meisten Plantagen mit orthodoxer Produktion nur noch 1–2% Blatt-Tee gemacht.

Bei den Teeplantagen, die nach dem CTC-Verfahren arbeiten – heute bereits über 50% der indischen Produktion –, kann ohnehin kein Blatt-Tee hergestellt werden.

Die wichtigsten Blattgrade, beziehungsweise Sortierungen sind wie folgt:

Blatt-Tees

Flowery Orange Pekoe (FOP),
bei Darjeelings auch Golden Flowery Orange Pekoe (GFOP)
und Tippy Golden Flowery Orange Pekoe, ein dünnes drahtiges Blatt mit Tip (TGFOP)
Als »tip« bezeichnet man die hellbraunen Teile des Tees. Es sind die Blattspitzen junger Teeblätter, die weniger Zellsaft besitzen und sich beim Fermentieren deshalb nicht dunkel färben. Beim späteren Rösten werden sie hellbraun – gold bis weiß. Vor allem im Iran ist man stolz, wenn der Tee sehr viel »Goldspitzen« enthält. Sie sind immer ein Zeichen dafür, daß junge Teeblätter verwendet wurden, aber kein besonderes Merkmal für eine außergewöhnliche Qualität.

Orange Pekoe (OP)
Ein langes drahtiges Blatt, größer als der FOP. Das Wort Orange in der Bezeichnung Orange Pekoe hat nichts mit Orangen und Orangenblüten zu tun. Man neigt dazu, das Wort in Verbindung zu bringen mit dem holländischen Königshaus Oranien. Mit Orange Pekoe wird lediglich ein Blatttyp bezeichnet, es handelt sich nicht um ein Qualitätsmerkmal.

Pekoe (P)
und Flowery Pekoe (FP)
Kürzer und gröber als der Orange Pekoe, oft auch offener im Blatt, also nicht so fein gerollt. Ceylon Flowery Pekoe zeigen meistens ein kugelig gerolltes Blatt, das man »shotty« oder »curly« nennt.

Pekoes sind kräftiger im Abguß als Orange Pekoes, weil die Orange Pekoes mehr Blattrippen enthalten und weniger »Fleisch« des Teeblattes.

Pekoe Souchong und Souchong PS + S
Die gröbste der Blattsortierungen. Offenes breites Blatt, dünn im Abguß. »Souchong« ist die chinesische Bezeichnung für die gröbste im Handel befindliche Ware.

Kleinblättrige Tees

Flowery Broken Orange Pekoe (FBOP) bei Darjeeling auch Golden Flowery Broken Orange Pekoe (GFBOP) und Tippy Golden Flowery Broken Orange Pekoe (TGFBOP)
Die feinsten und aromatischsten der Broken Sortierungen, sauber gearbeitetes, gut gerolltes Blatt mit viel Goldspitzen. Diese Tees werden wegen des attraktiven Aussehens und des delikaten Aromas hoch bezahlt. Sie sind kräftiger im Aufguß als die entsprechenden Blattsorten.

Die verschiedenen Arten der Teepflückung: Imperialpflückung, Weißpunktpflückung (junger Trieb mit Stengel) und normale Pflückung (Burungpflükkung)

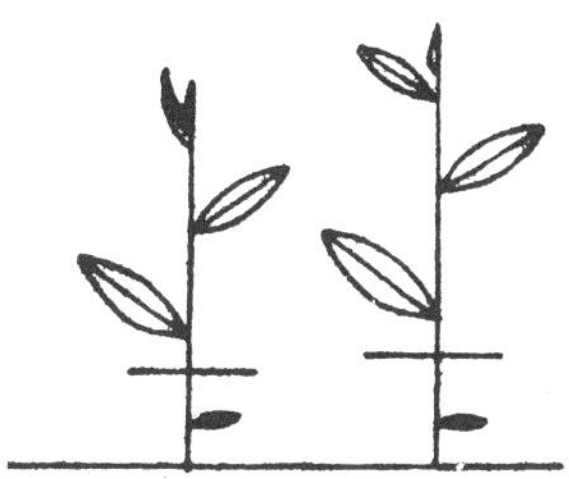

Feinpflückung mit »tip«. Durch die Feinpflückung der zwei Blätter mit Knospe (»two leaves and the bud«) erhält man die beste Qualität.

Broken Orange Pekoe (BOP)
Gut gearbeitetes Blatt, weniger Tip, aber noch kräftiger in der Tasse als der FBOP, wenn auch nicht ganz so blumig.

Broken Orange Pekoe 1 (BOP 1)
Auf manchen Plantagen in Indien die Bezeichnung für den FBOP, in Ceylon jedoch ein semi-leaf Tee, ein Halbblatt-Tee, eine Sortierung also, die zwischen dem OP und BOP liegt.

Broken Pekoe (BP)
Bei der orthodoxen Produktion ein Broken Tee, der mit einer Schneidemaschine (Cutter) aus dem gröbsten Blatt geschnitten wurde. Er enthält viel Blattrippen und ist daher dünn im Abguß.

Bei der CTC-Produktion eine Sortierung mit sehr kräftiger Tassen-Qualität.

Grobpflückung. Diese Teeblätter werden hauptsächlich für Mischungen verwendet.

Broken Pekoe Souchong (BPS)
Meistens die Bezeichnung bei nordindischen Tees für ein kugelig gerolltes Blatt.

Fannings-Grade

Mit der zunehmenden Verarbeitung von Tee-Aufgußbeuteln haben die Fannings-Grade sehr starke Bedeutung gewonnen.
Orange Fannings (OF)
und Broken Orange Pekoe Fannings (BOPF)
Die kleinste Aussiebung der nicht geschnittenen Tees in der Teeverarbeitung nach der orthodoxen Methode außer dem Dust (Staub).

OF und BOPF färben sehr schnell und dunkel, weil sie dem Wasser eine große Angriffsfläche bieten und haben häufig besonders bei Hochland-Tees ein ausgezeichnetes Aroma.

Pekoe Fannings (PF)
Die dem OF bzw. BOPF entsprechende Sortierung bei Tees der CTC-Produktion. Sehr kräftige und aromatische, schnell färbende Tassen-Qualität, wird heute genau wie OF und BOPF sehr viel für Tee-Aufgußbeutel verwandt.

Junge Teeblätter, links ganz eingerollt, rechts etwas geöffnet.

Fannings (F)
Eine feine Aussiebung der geschnittenen Sorten.

Dust und Pekoe Dust (D + PD)
Die feinste Aussiebung gelegentlich aus Unkenntnis als Staub oder Abfall bezeichnet, sehr kräftige und meist stark färbende Tees.

Weitere Sorten

Grüner Tee wird hauptsächlich in China, Taiwan und Japan produziert. Ein Chinese wird dem grünen Tee weit mehr Sorgfalt angedeihen lassen als dem schwarzen. In Europa wurde im letzten Jahrhundert der grüne vom schwarzen Tee ganz verdrängt. Das gleiche vollzog sich etwas später in den Vereinigten Staaten. In den arabischen Ländern dagegen wird

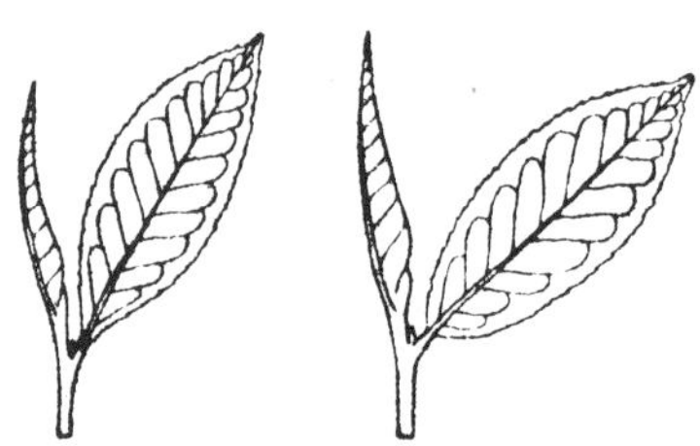

Alte Blätter, bereits ganz aufgerollt.

grüner Tee bevorzugt. Wegen der fehlenden Fermentierung mit all ihren chemischen Veränderungen hat grüner Tee einen ganz anderen Charakter. Die Fermente und Enzyme, die im Tee nach dem Welken vorhanden sind, werden vor dem Rollen durch Wasserdampf vernichtet. Die Blätter bleiben olivgrün.

Aus Japan kommt der *pan-fired Tee*, der in einem Bambuskorb sehr kurz (1,5 Minuten) auf einen Kessel mit kochendem Wasser gestellt wird. Aus China kennen wir folgende Arten von grünem Tee: Gunpowder, kugelförmig gerollter, sehr junger Tee. Imperial ist gerollter Tee von älteren Blättern. Hyson bedeutet so etwas wie »Junger Frühling«. Young Hyson besteht aus dünnen langen Blättern. Chun Mee deutet auf lange Blätter, Sow Mee dagegen auf kleine Blättchen. In der Schale weist grüner Tee eine zitronengelbe Farbe auf.

Oolong kommt aus dem Chinesischen Wu-Lung (schwarzer Drache). Es handelt sich um halb fermentierte Tees, die bestimmte Eigenschaften von grünem und schwarzem Tee kombinieren. Weil die besten Sorten ein leichtes Pfirsicharoma haben, serviert man sie auch mit einem Pfirsichblatt. Der große Lieferant hierfür ist Taiwan, und sehr viel davon wird in die Vereinigten Staaten abgesetzt.

Aus China stammt der *Lapsang Souchong* mit einem stark rauchigen Geschmack. Kennern zufolge ist der heutige Lapsang nicht mehr mit jenem der Vorkriegszeit zu vergleichen, der nur über dem Holz des White Fir Baumes geräuchert wurde. Wem der Geschmack zu stark ist, kann den Lapsang Souchong gut zum Mischen verwenden.

Earl Grey Tee hat nichts mit grauer Farbe zu tun. Er wurde nach dem britischen Staatsmann Earl Grey benannt, der im 19. Jahrhundert während einer diplomatischen Mission nach China das kostbare Rezept einer außergewöhnlichen chinesischen Mischung bekommen hatte, in der unter anderem Bergamotte-Essenz verarbeitet wird. Er übergab sein Rezept der Firma Jacksons of Picadilly, die darauf noch immer besonders stolz ist. In China verwendet man meist Hysontee zur Herstellung von *Jasmintee*, ein Getränk, das immer größere Popularität

Aufdruck auf einem Teepäckchen der Firma Kwong Sang Tea Company, Hongkong.

erlangt, zum Beispiel als Beigabe zu einer echten chinesischen Mahlzeit. Mit dem sogenannten *Weißen Tee* aus China wollen wir uns bei der Behandlung des Tees aus der Volksrepublik beschäftigen.

An dieser Stelle möchte ich noch etwas über die *Aromatees* sagen, denen ein altmodischer Teekenner vielleicht nur Verachtung entgegenbringen wird, die aber jedenfalls starken Absatz finden und wieder einmal eine Abwechslung gegenüber den immer gleichen Qualitäten von Teebeuteln darstellen. Es handelt sich dabei stets um normalen schwarzen oder grünen Tee, dem noch ein anderes Aroma beigegeben wird. Sie sind unterschiedlich haltbar. Offensichtlich hat die chemische Industrie große Pläne mit diesen Sorten, was mich etwas skeptisch stimmt. Das edle Kraut Tee ist doch immerhin etwas anderes als Yoghurt!

Aus China kommt Blumentee in verschiedenen Varianten (Rosenblätter-, Jasmintee und so weiter); außerdem gibt es Zitronentee (wahrscheinlich der populärste dieser Gruppe), lemon-spiced tea (zusätzlich mit Nelken gewürzt), Orangenblütentee, orange-spiced tea (mit Orangenschalen und Nelken), Rumtee, Wildkirschtee, Zitronentee, Grapefruittee, Rosinentee, Apfeltee, Minztee, Mandarinentee, Lotustee, Zimttee, Anistee, Muskattee und viele viele andere. Den Chinese scented teas, wie Lycheetee zum Beispiel, werden stark parfümierte ätherische Öle beigemengt. Eine Firma schließlich bringt Genniacha auf den Markt: sehr feinen japanischen Tee mit gebratenen Reiskörnern und Puffreis.

Tee-Versteigerungen

Gehandelt wird der Tee meistens auf Versteigerungen. Die Versteigerung von Mincing Lane in London war die allerberühmteste, heute findet diese Versteigerung im Sir John-Lyon-House, High Timberstreet, statt.

Die großen Teemengen werden direkt im Produktionsland versteigert: In Kalkutta für Nordindien, in Cochin für Südindien, in Colombo für Ceylon und in Mombasa für Ostafrika. Früher spielten die Niederlande auf diesem Gebiet eine sehr große Rolle, vor allem natürlich für Java- und Sumatratee. Der Tee wurde in De Brakke Grond in Amsterdam versteigert, heute ein Theatersaal. Er wurde damals vor der Versteigerung in den Packhäusern an der Prins Hendrikkade gelagert, die den berühmten Packhausmeistern gehörten. Dieses Unternehmen

Tee-Auktion in Amsterdam. Früher wurde der Tee in De Brakke Grond versteigert.

war ein Nachfolgeunternehmen der Vereinigten Ostindischen Kompanie und hat bis in die sechziger Jahre unseres Jahrhunderts existiert. Die Rolle der Niederlande ist übrigens immer noch ziemlich groß: Von dem Tee, der Holland erreicht, wird mehr exportiert als konsumiert.

Wie Tee geprüft wird

Der Teepacker, das Unternehmen, das den Tee auf den Markt bringt, kauft seinen Tee über Makler oder Agenten auf den Versteigerungen der Herstellerländer. Er ordert aufgrund der von ihm geprüften Muster, oder er erwirbt Standards (das sind festgelegte Teetypen, über die durch Käufer und Verkäufer Qualitätsabsprachen getroffen worden sind). Da es im ganzen über 1500 verschiedene Teesorten gibt, sind gute Teeprüfer äußerst wichtig. Man sagt, daß ein echter Teeprüfer geboren wird. Sicher ist, daß Geschmacks- und Geruchsorgane besonders gut entwickelt sein müssen, daß aber darüber hinaus eine jahrelange Erfahrung notwendig ist. Man weiß, daß sich verschiedene Firmen um ein und denselben Teeprüfer wahre Kämpfe lieferten. Geprüft wird auf der Plantage, bei der Versteigerung, beim Makler und durch den Teepacker. Dem Außenstehenden erscheint das Ganze wie ein äußerst kompliziertes Ritual, und das stimmt auch.

Auf langen Tischen liegen die Musterbeutel mit Tee aus den Ursprungsländern. Dahinter befinden sich die Pappschälchen mit dem offenen Tee. Sorgfältig wird nun die erforderliche Teemenge eingewogen und in die Kännchen (mit Henkel) gegeben.

Aus einem großen Messingkessel wird kochendes Wasser in die Kännchen gegossen und auf jedes schnell ein Deckel gelegt. Jetzt muß der Tee fünf bis sechs Minuten ziehen. Der Inhalt des Kännchens wird darauf in die Tasse oder die Schale umgegossen.

Fachleute, die Tee prüfen.

Ehe nun der Tee probiert wird, riecht der Prüfer zuerst an den Kännchen, um das Teearoma festzustellen. Die überbrühten Blätter aus den Kännchen werden auf die Deckel geschüttet. Nun beginnt das richtige Prüfen. Die Schälchen bleiben stehen, man trinkt nicht aus ihnen; mit einem silbernen oder versilberten Löffel bringt man vielmehr ein wenig von dem Aufguß in den Mund und prüft. Geschluckt wird nicht! Der geprüfte Tee wird in ein Messinggefäß gespuckt.

Für die endgültige Beurteilung des Tees sind sowohl das Äußere (das sogenannte trockene Blatt), die Farbe des überbrühten Blattes, der Aufguß in dem Kännchen sowie natürlich der Geschmack wichtig. Auf diese Weise werden dreißig und mehr Teeproben betrachtet und beurteilt. Die Geräte dafür kommen aus England.

Bekanntlich wird der meiste Tee in Mischungen auf den Markt gebracht. Dieses Mischen ist wiederum eine Kunst für sich. Auch die Qualität des Tees ein und derselben Plantage kann infolge der jahreszeitlichen Schwankungen niemals konstant sein. Aber der Kunde darf davon ausgehen, daß das Päckchen einer von ihm im Laden gekauften bestimmten Marke ebenso schmeckt wie das vorangegangene. Je größer der Umsatz eines Teepackers ist, desto mehr Sorten werden vermischt. Einer der größten Packer unterteilt den Tee in fünfzehn charakteristische Qualitätsgruppen. Um auszuschließen, daß eine bestimmte Gruppe zu viel Einfluß auf das Endprodukt erhält, werden acht Bestandteile von jeweils 24 Sorten vermischt, so daß 192 Sorten entstehen, wobei man darauf achtet, daß eine Sorte niemals mehr als ein Prozent des Endprodukts ausmacht. So lassen sich große Mengen gleicher Zusammensetzung herstellen, und der Austausch einer Sorte durch eine andere hat kaum Einfluß auf das Endprodukt. Danach wird die Mischung eine Zeitlang in Silos aufbewahrt. Die Engländer nennen das: »To marry the tea.«

Selbst mischen kann eine sehr hübsche Beschäftigung sein. Man sollte aber nicht erwarten, daß man im Eiltempo sehr perfekte Kombinationen findet. Ich möchte es einmal so ausdrücken: Einige Blättchen Jasmintee auf Lapsang Souchong können einen langweiligen Tee manchmal erstaunlich verändern.

Ein guter (second flush) Darjeeling ist eigentlich zum Mischen viel zu schade. Wer einen Darjeelinggeschmack wünscht, aber dennoch eine kräftige Tasse Tee schätzt, der sollte sich an ein Mischungsverhältnis von 80% Darjeeling mit 20% Ceylon halten.

Schließlich zwei Ratschläge für Selbstmischer:

Ein anregender und kräftiger Breakfast Tea: Etwa 65% Ceylontee und 35% Assamtee.

Für einen kräftigen Afternoon Tea: Etwa 75% Ceylontee, 20% Assamtee und 5% Lapsang Souchong.

Das Teeprüfen hat große Ähnlichkeit mit dem Weinprüfen. Auch der Teeprüfer bedient sich einer ganz eigenen Fachsprache. Die meisten Begriffe stammen aus England. Hier eine Übersicht:

Bak(e)ly: Ein Tee, dessen Aroma an den Duft frisch gebackenen Brotes erinnert. Ein Produktionsfehler, der jedoch von manchen Käufern geschätzt wird.
Body: Für einen Tee, der eine kräftige Tasse ergibt.
Brassy: Metallgeschmack durch Sauerstoffmangel beim Welken.
Brisk ist das Gegenteil von flat: lebendiger gegenüber fadem Tee.
Burnt: Ein verbrannter Geschmack, kein gutes Zeichen.
Clean: Neutral
Coarse: An dem groben, unregelmäßigen Blatt stellt der Kenner fest, daß der Tee unerwünschte Eigenschaften besitzt.
Coloury deutet auf eine kräftige, gute Tasse.
Coppery bezüglich der Farbe weist auf eine gute Bearbeitung des Tees hin.
Creamy: Das milchartige Häutchen an der Oberfläche deutet auf guten Tee.
Dull: Nichtssagender, fader Tee ohne Charakter.
Earthy: Genauso wie beim Wein kein gutes Zeichen.
Flavoury: Herrlich duftender, aromatischer Tee.
Full: Kräftig, aber nicht bitter.
Hard läßt sich am besten mit prickelnd wiedergeben.
Harsh: Bitter, häufig infolge ungenügenden Rollens.
Light: Zu wenig voll und kräftig.
Malty: Malzig, eine sehr gute Eigenschaft, solange sie nicht zum »over-fired« tendiert.
Musty: Schimmelig, also schlecht, vor allem, weil der Tee mit Wasser in Berührung gekommen ist.
Pungent nennt man einen Tee, der die Mundschleimhäute merklich zusammenzieht, also kräftig und penetrant ist.
Rawness: Ein bitterer Geschmack.
Soft ist schlaff durch zu geringe Fermentierung.
Stylish deutet auf das Äußere eines gut bearbeiteten Teeblatts.
Sweet: Leicht, aber nicht unangenehm.
Tired: Tee, der durch zu hohes Alter sein Aroma verloren hat.
Wood: Der Tee hat einen Geschmack von Heu und Gras.

Der Teeanbau in den einzelnen Ländern

Tee wird heute auch in den Hochländern von Australisch-Neuguinea, offiziell unter dem Namen Papua bekannt, angebaut. Er hat sich also inzwischen sämtliche Kontinente erobert. Allerdings sind Pflanzversuche in South-Carolina fehlgeschlagen. In Europa wird Tee nur in der Sowjetrepublik Georgien am Schwarzen Meer auf den Hügeln des Kaukasus angebaut. In Südeuropa wären zwar die Temperaturen für Teekulturen richtig, es fehlt dort aber am notwendigen Niederschlag von etwa 2500 mm pro Jahr.

Zunächst möchte ich Ihnen die teeproduzierenden Länder vorstellen.

Indien produzierte 1977 40% der Weltteemenge. Es gibt Teeanbaugebiete in Nord- und Südindien.

Assam: Ein Blick auf die indische Landkarte zeigt, daß es im Osten noch ein Gebiet gibt, welches an Birma und Bangladesch angrenzt. Nur der Entdekkung von wildwachsendem Tee in Assam im letzten Jahrhundert ist es zuzuschreiben, daß die Briten dieses Gebiet damals so schnell annektierten. Der Tee aus Assam ist sehr gut haltbar, für jedes Wasser geeignet, sehr kräftig und voll im Geschmack und wird deshalb auch vielfach für Breakfastmischungen verwendet.

Darjeeling: Ein sehr berühmter Tee, und das mit Recht! Allein schon wegen der überwältigenden Naturschönheiten ist ein Besuch Darjeelings ein großartiges Erlebnis. Der beste Tee stammt aus der Umgebung des Mount Kanchenjungha im Himalaya; bei klarem Wetter kann man in der Ferne den Mount Everest erblicken. Von geringerer Qualität als der first flush und der second flush ist wegen des Südwestmonsuns der »Regentee«, der von August bis Oktober geerntet wird. Nicht erstklassig, wohl aber von angenehmem Aroma sind die »autumnals«, die von November bis Dezember gepflückt werden. Schlechte Wetterbedingungen verhindern die Produktion zwischen Januar und April.

Erstklassiger Darjeelingtee ist selten auf dem Markt und manchmal außerordentlich teuer. Ein trübes Kapitel ist in diesem Punkt der »Tauschhandel« der Sowjetunion mit Indien: Maschinen und Waffen (gegen Pakistan) für Produkte wie Tee. Auf diese Weise landet sehr viel Darjeelingtee in der Sowjetunion.

Der grüne Tee, den man in Afghanistan trinkt, stammt meistens aus dem Kangratal nördlich von Neu Delhi.

Das Gebiet von Dooars liegt genau zwischen Darjeeling und Assam. Dieser Tee erzeugt einen farbstarken Aufguß und wird meistens für Mischungen benutzt.

Bangladesch hieß früher Ostpakistan.

Vor dem Unabhängigkeitskrieg von 1971 betrug der Produktionsanteil etwa 2% der Weltproduktion. Der junge Staat hatte es anfänglich nicht leicht. Die Kriegsschäden waren groß, und der Markt in Westpakistan war verloren gegangen. Der Wiederaufbau macht allerdings rasche Fortschritte. Nach Jute ist Tee der größte Aktivposten des Landes.

Ceylon heißt heute Sri Lanka. Natur und Klima sind zwar paradiesisch, aber die politischen und wirtschaftlichen Schwierigkeiten deshalb nicht minder groß. Neben einer kleinen Bevölkerungsgruppe wie den Burghers, die noch niederländische Namen tragen und hauptsächlich Handelsberufe ausüben, besteht die überwiegende Zahl der Bevölkerung aus Singalesen. Die Briten brachten die Tamilen, eine Volksminderheit in Südostindien und auf Ceylon, zur Arbeit auf die Teeplantagen, und man darf wohl sagen, daß ihre niedrige Arbeit die Teeindustrie Ceylons groß gemacht hat. Das wird heutzutage nicht eben dankbar vermerkt: Ceylon wäre sie am liebsten los, aber auch das übervölkerte Indien ist auf diese Bevölkerungsgruppe nicht erpicht.

Tee ist natürlich im wesentlichen ein Produkt der Dritten Welt, wenn man einmal von der UdSSR und Japan absieht, die im übrigen auch die beiden einzigen Länder sind, die nach wirtschaftlicheren Methoden suchen, um den Tee maschinell zu pflücken. Vielleicht sollte ich gerade hier auf diese Problematik etwas näher eingehen, weil es sich bei Sri Lanka um eine Monokultur handelt: Auf den Tee entfallen 66% des Deviseneinkommens des Landes. Man denkt also besser nicht daran, welch eine Katastrophe eine ähnlich vernichtende Krankheit in den Teekulturen bedeuten würde, wie sie im letzten Jahrhundert auf den Kaffeeplantagen der damals noch englischen Kolonie gewütet hat. Aber die Situation ist ohnedies bereits schlecht genug. Für seinen Qualitätstee wird Ceylon wohl immer einen beachtlichen Preis erzielen können; es geht mehr um den Tee der mittleren Qualität. Auf diesem Sektor wird die afrikanische Konkurrenz immer drückender. Während Ceylon seine Produktionsmöglichkeiten ausgeschöpft hat, können die afrikanischen Länder ihre Produktion noch beträchtlich steigern, und für die fernere Zukunft verfolgen sie oft sehr ehrgeizige Pläne. Die Regierung ist davon überzeugt, daß für Ceylon eine geringere Abhängigkeit von englischen Interessen wünschenswert ist. Häufige und gute Werbefeldzüge werden denn auch vor allem auf dem europäischen Festland durchgeführt. Die Regierung versucht, durch eine Politik der Ceylonisierung und der höheren Besteuerung von Ausländern die Teeindustrie so weit wie möglich zu beherrschen. Die Höchsteinkommen dürfen, theoretisch zumindest, die 1000-Mark-Grenze pro Monat nicht überschreiten. Jedenfalls ist ein gut geschultes einheimisches Kader vorhanden. Diese Materie kann ich hier allerdings nur am Rande streifen.

Tee wird in Ceylon ganzjährig produziert und von Colombo und Trincomalee aus verschifft. Der Monsun von Juli bis September bringt dem westlichen Inselteil Regen, in Uva und den östlichen Landesteilen wehen dann gerade trockene Winde. Der feinste Ceylontee stammt in dieser Periode aus Uva. Von Dezember bis März weht der Monsun aus dem Nordosten und bringt dem östlichen Teil der Insel Regen, was eine große Ernte, aber geringere Qualität im Osten zur Folge hat. Im Westen weht dann ein trockener Wind, der für ausgezeichneten Tee in Dimbula und Dickoya sorgt. Nuwara Eliya liegt genau im Zentrum der sich von Norden nach Süden über die Insel erstreckenden Bergkette. Hier kann das ganze Jahr über erstklassiger Tee gepflückt werden. Ceylontee ist im allgemeinen sehr verträglich und läßt sich gut mischen. Meistens sind vier spezifische Sorten Ceylontee bei uns erhältlich: Nuwara Eliya liefert den »Champagner« unter den Ceylontees. Uva sorgt für kräftigen Frühstückstee. Dimbula ist der Name des größten Teebezirks von Ceylon. Kandytee ist nach der gleichnamigen alten Königsstadt benannt.

Auf *Indonesien* entfallen 4% der Weltteeproduktion. Java- und Sumatratee haben vor allem für viele Holländer noch heute einen besonderen Klang. Es waren denn auch Niederländer, die auf Java mit der Teepflanzung begannen. Die Fregatte Algiers brachte 1835 den ersten Javatee nach Amsterdam, wo er im Packhaus Maassluis gelagert wurde. Die Pflanzen stammten aus der chinesischen Varietät, und auch beim Anbau und der Aufbereitung folgte man strikt der chinesischen Methode. Der Tee war denn auch sehr duftig und aromatisch, und Namen wie Bohea tauchten nun als Boey auf. Der Anbau war jedoch für die Kolonialverwaltung verlustreich, so daß er 1842 auf die Preanger-Regentschaften und auf Mitteljava beschränkt wurde. 1888 drehte sich der Wind: Die Assampflanze wurde eingeführt und die Anbaumethoden aus Britisch-Indien übernommen. Die Qualität verbesserte sich rasch, und dank einer erstklassigen Expertise konnten sich die Holländer für Javatees eine starke Position auf dem internationalen Markt erobern. Tee wird in folgenden Gebieten angebaut: Besuki, Cheribon,

Wonosobo, Madium, Pekalongan, Preanger und Sukabumi. Tee von Goalpara wird am höchsten bewertet und am teuersten bezahlt.

Die Entfremdung zwischen den Niederlanden und dem heutigen Indonesien hatte zunächst einen starken qualitativen und quantitativen Rückgang der Teeproduktion auf Java und Sumatra zur Folge. In den letzten Jahren verbesserte sich die Qualität jedoch zusehends. Die Aufbereitung ist noch orthodox, kein CTC also, nicht zuletzt deshalb, weil im nahegelegenen Australien Teebeutel noch immer selten verwendet werden.

Auf *Sumatra* finden wir Tee in den Distrikten Deli, Padang und Palembagg. Die Insel liegt genau auf Äquatorhöhe. In diesem Teegebiet gibt es keine nassen oder trockenen Jahreszeiten, während der Regen sehr regelmäßig fällt. Die Qualität ist dadurch konstant, ausgenommen in den etwas trockeneren Monaten Mai bis August und Anfang September.

Sumatratee ist ein kräftiger Tee mit body, Javatee etwas dünner mit Duft. So umschreibt das jedenfalls ein Teekenner. Auch aus *Malaysia* kommt Tee, wenn auch von etwas geringerer Qualität.

Viel interessanter ist natürlich die *Volksrepublik China,* und von rechts wegen hätten wir mit diesem ältesten Teeanbaugebiet beginnen müssen. Auf die Volksrepublik entfallen 13% der Weltteeproduktion; relativ wenig wird exportiert. Der Export nach Westeuropa verringerte sich zwischen 1880 und 1930 stark, während der Osteuropaexport infolge der ideologischen Querelen in den sechziger Jahren Einbußen erlitt. Wie groß der Inlandsmarkt ist, läßt sich natürlich infolge fehlender Unterlagen nicht genau belegen. Allerdings kann jeder Chinareisende von den Teeschalen berichten, die dauernd nachgefüllt werden, zumeist mit grünem Tee. Traditionsgemäß bauten Kleinbauern geringe Teemengen in einem eigenen Gärtchen an. Diese Methode hat sich seit Gründung der Volksrepublik gründlich geändert. Den weißen, von Kaiser Hüi Tsung so hoch geschätzten Tee kann man auch in Deutschland mit einiger Mühe auftreiben. Wie beim grünen Tee handelt es sich auch hier um unfermentierten Tee, aber die Bereitungsweise ist anders. Die Farbe

in der Porzellanschale sollte sehr hell sein, der Tee ist recht duftig. Die beste Qualität ist der Silvery Tip Pekoe oder Flowery Pekoe der sogenannten »großen weißen« Teepflanze und stammt aus den Distrikten King Wo und Sung Chi in Fukien. Schwarzer Tee aus China ergibt oft eine rote Farbe in der Tasse. Er ist eher für den Nachmittag- und Abendtee geeignet, weniger für den Vormittag. Das Aroma des manchmal etwas süßlichen Keemuntees wird auch mit dem Duft von Orchideen umschrieben. In Yünnan, im Südwesten – wörtlich das Land südlich der Wolken –, hat sich in Höhenlagen von 1100 bis 2300 Metern erst in den letzten zwei Jahrzehnten eine umfangreiche Teeindustrie entwickelt. Der Geschmack hält die Mitte zwischen »echt chinesisch« und Assam.

Wie Sie bereits gelesen haben, wurde der erste Tee der Welt in Szechuan angebaut. Aus diesem Gebiet, das durch den Langen Marsch des Vorsitzenden Mao berühmt wurde, kommt auch heute noch vortrefflicher Tee, hell wie ein Gebirgsbach. Aus Fukien kommt der stark aromatisierte Paklum Congou mit gelb-roter Farbe in der Tasse. Darüber hinaus gibt es noch schwarzen Tee aus Yingteh, Kweichow, Hainan und Pingsuey.

Die Insel Taiwan liefert 0,5% der Weltproduktion. In der Hauptsache handelt es sich um grünen Tee. Eine Spezialität ist natürlich der halbfermentierte Oolongtee von Formosa. In *Vietnam* haben seinerzeit die Franzosen mit dem Teeanbau begonnen. Trotz des Dauerkriegs von 25 Jahren wurde stets Tee angebaut und auch exportiert, wenn auch in rückläufigen Mengen. Im südlichen Teil wird – vielleicht muß ich auch sagen wurde – erstklassiger Tee in der Gegend um Plaiku produziert. Gerade weil der Guerillakrieg sich oft auf Plantagen abspielte, dürfte klar sein, wie sehr diese Plantagen darunter gelitten haben.

Im Norden der Republik wird der Tee in der Umgebung Hanois angebaut. Noch immer gibt es einen Export nach Rußland, aber beim Wiederaufbau des schwergeprüften Landes nimmt die Teekultur keinen hohen Stellenwert ein.

Tee aus *Japan* (Anteil an der Weltproduktion 1,9%) wird man in unseren Breiten seltener antreffen. Und dann höchstens grünen Tee und nicht den Pudertee, der bei der Zeremonie verwendet wird. Am schmackhaftesten ist der Genmai-Cha Tokiwa. In Japan gießt man kochendes Wasser direkt auf die Blätter in der Schale. Narai, Kyoto und Shizuoka sind die größten Anbaugebiete. Die USA und Marokko sind in beschränktem Umfange Exportländer. Japan selbst bezieht große Mengen grünen Tee aus Formosa.

In *Papua,* dem unabhängigen Teil Neuguineas wird der Tee im Waghital, im westlichen Hochland, angebaut, das klimatisch und auch hinsichtlich der Bodenbeschaffenheit sehr günstig ist. Auf dem Londonder Markt erzielt er hohe Preise.

Der beste Tee aus Papua wird ins ferne London verschifft, weil er für den australischen Markt zu teuer ist.

Auch der *Iran* und die *Türkei* bauen in ihren nördlichen Landesteilen Tee an. Allerdings habe ich vor allem von türkischem Tee selten etwas Gutes gehört. Man benutzte ihn übrigens hin und wieder, um durch sein Angebot Marktschwankungen zu verursachen.

Das Teeanbaugebiet der *Sowjetunion* ist Georgien. Man produziert dort hauptsächlich für den Inlandsmarkt. Genaues Zahlenmaterial fehlt. Man hat berechnet, daß in der UdSSR schätzungsweise 100 000 Tonnen Tee pro Jahr verbraucht werden, 60 000 Tonnen davon stammen aus eigenem Anbau. Der Rest kommt, wie bereits erwähnt, hauptsächlich aus Indien. Es wird in Rußland also immer noch sehr viel Tee getrunken. In Georgien hat man besondere Wägelchen gebaut, die die Teesträucher automatisch beschneiden, ähnlich wie in Japan, wo spezielle Scheren verwendet werden. Dabei handelt es sich allerdings immer um sehr grobe Ergebnisse. Abgesehen von der Frage, ob ein Georgier lieber in der petrochemischen Industrie von Baku als auf einer Teeplantage arbeitet, muß hier gesagt werden, daß gerade der arbeitsintensive Charakter des Teeanbaus den Tee für ein Land wie Indien so bedeutsam macht. Automatisierung würde dort nur Arbeitslosigkeit und eine katastrophale Abwanderung in die Großstädte auslösen.

Afrika hat seine Teeproduktion im letzten Jahrzehnt verdoppelt, und die Zukunftspläne sind ehrgeizig. Der meiste und beste Tee kommt aus Kenya. Am wichtigsten sind hier die Gebiete südöstlich und nordöstlich des Viktoriasees und südlich des Mount Kenya. Im allgemeinen verschwindet der Kenyatee anonym in den Mischungen. Die hochgelegenen Plantagen scheinen jedoch erstklassige Qualitäten abzuwerfen. In England kann man sie bei The Nairobi Coffee & Tea Company, Dover Street 31, London, in Augenschein nehmen und kaufen.

Die Regierung Kenyas fördert den Anbau von Tee außerordentlich. Man überläßt den Bauern, sogenannten smallholders, den Boden, und diese liefern das nasse Blatt an eine Teefabrik.

Auch in Tansania arbeitet man auf der Smallholders-Basis. Die Deutschen bauten hier bereits Tee in den Usambarabergen an. Eine beträchtliche Produktionssteigerung ist geplant. Ehrgeizige Pläne verfolgen auch Ruanda, Burundi und Uganda.

In Malawi wurde bereits im letzten Jahrhundert, als es noch Nyassaland hieß, von den Briten Tee angebaut. Es ist kein Hochlandtee.

Auch Mozambique ist ein Teelieferant.

In der Provinz Sambesi an der Grenze zu Malawi haben die Portugiesen im Hügelland Tee angebaut. Die Qualität steht der des Kenyatees nicht nach. Allerdings sind Produktion und Ausfuhr seit 1975 stark rückläufig. Die Ursache ist klar. Nachdem sich das Volk von Mozambique befreit hatte, sind die Großgrundbesitzer und jener Teil der gehobenen Schichten, die keine Sympathie für die Frelimo aufbringen konnten, ausgewandert.

Auch die Betriebsamkeit im Exporthafen Beira ist stark zurückgegangen. Darunter hat übrigens auch der Export aus Malawi sehr zu leiden. Die Konsolidierung von Mozambiques Position auf dem Teemarkt wird nicht zuletzt von den Entwicklungen im Nachbarland Rhodesien/Zimbabwe abhängen.

Aufgrund von Sanktionen der Vereinten Nationen durfte bis 1979 rhodesischer Tee von keinem Land importiert werden. In Südafrika sind in den zwanziger Jahren Pläne gescheitert, Tee in Natal anzubauen. Seit 1964 gibt es Teeplantagen in Tzaneen in Nord-Transvaal und in Ngome im Zululand, Natal. Auch das Homeland Transkai produziert Tee. Die Qualität ist gut, die Produktion des Jahres 1976 betrug 3 300 000 Kilogramm. Wahrscheinlich plant man, den ganzen eigenen Markt zu versorgen, schon deswegen, weil das Regime in Pretoria mit einem vollständigen Boykott seitens der Länder der Dritten Welt rechnen muß.

Die Insel Mauritius ist vor allem wegen der dort geschlossenen Teeverträge bekannt. Von der Insel kommt ein recht ordentlicher Tee. Die Plantagen tragen prächtige Namen wie Corson, Chartreuse und Mare Anguilles, so daß man fast meinen könnte, es handle sich dabei um Wein.

Aus Afrika kommt außerdem noch Tee aus Kamerun, an der Westküste. Zaïre war früher unter dem Namen Kongo bekannt. Der Tee stammt aus den Bergen im Osten, zum Beispiel aus dem Distrikt Kivu. Kennern zufolge erzeugen einzelne Plantagen sehr guten Tee, aber ein Blick auf die Landkarte läßt erkennen, daß die Routen zu einem Seehafen außerordentlich lang sind. Auch in Äthiopien plant man inzwischen den Anbau von Tee. Der Sudan nennt die respektable Menge eines jährlichen Pro-Kopf-Verbrauchs von 1234 Gramm. So ist es also verständlich, daß man auch in eigener Regie Tee anbauen will. Ein diesbezüglicher Bericht der FAO, den ich gelesen habe, war allerdings nicht gerade optimistisch.

Die Romanen sind keine Teetrinker. Die Bevölkerung Südamerikas bildet in diesem Punkt keine Ausnahme. Und doch stammen 2% der Weltproduktion aus diesem Kontinent. Ein kleiner Teil kommt aus *Peru* und *Brasilien,* der Löwenanteil jedoch aus *Argentinien,* und zwar aus dem Grenzgebiet zu Paraguay.

Es handelt sich um Tieflandtee, der nur als Zusatz zu billigen Mischungen verwendbar ist.

Welt-Teeproduktion

Die Welt-Teeproduktion wird – von unvorhersehbaren Kalamitäten einmal abgesehen – jährlich eine Steigerung aufweisen. Es wäre erfreulich, wenn der Teeverbrauch in der ganzen Welt mit dieser Steigerung Schritt hielte. Die FAO (Food and Agriculture Organization) versucht übrigens ihrerseits durch gezielte Werbung den Verbrauch anzukurbeln. Die Steigerungschancen scheinen eher in der Dritten Welt als in den Industrieländern zu liegen! In Großbritannien ist der Verbrauch in den letzten Jahren rückläufig. In Mittel- und Südeuropa wird nur Kaffee und Wein getrunken. In Südamerika sind Kaffee und Yerbamate die Favoriten. Allerdings ist in den Ländern des Mittleren Ostens und in großen Teilen Afrikas noch ein starker Konsumanstieg möglich.

In Indien entwickelt Tee sich immer mehr zum Nationalgetränk, obwohl der Hindukultur das Teetrinken ursprünglich fremd war. Schon jetzt wird in Indien die Hälfte der eigenen Teeproduktion verbraucht. Häufig gibt man hier in die Tasse Tee ein Scheibchen Orange.

Der Teevertrag, der 1969 unter den Auspizien der FAO auf Mauritius geschlossen wurde, hat faktisch sehr wenig konkret geregelt. Durch die Kakao- und Kaffeeverträge wurde bislang wesentlich mehr erreicht.

Über vier Länder möchte ich mich noch etwas ausführlicher verbreiten: Australien, Libyen, England und die Niederlande. In Australien konsumieren die »Aussies« gigantische Mengen Tee, und das wird auch in dem berühmten Lied »Waltzing Mathilda« besungen, aus dem hervorgeht, daß man den Wasserkessel im Volksmund einen Billy und die Teekanne eine Mathilda nennt.

Libyen schlägt in der Tat alle übrigen Länder der Welt, was seinen Teeverbrauch betrifft. In dem heißen, trockenen Klima trinkt man den stark gesüßten grünen Tee tagaus tagein; zum Kouskous und zum Shishkebab. In den dreißiger Jahren unseres Jahrhunderts entwickelte sich in Tripolis jene schauerliche Zubereitungsart des Tees, die etwa folgendermaßen aussieht: Aus schwarzem Tee wird ein starker Extrakt gebraut, wobei die Blätter bis zu viermal gekocht werden. Während des Kochens wird immer wieder Zucker zugefügt. Eine schaurige Zubereitung insofern, als dieser Absud Gewöhnung hervorruft und bei Dauergenuß körperliche Schädigungen erzeugt. Vor vierzig Jahren trat in Nordafrika eine gewisse, durch Teegenuß hervorgerufene, Toxikomanie auf. Wenn man auch auf den grünen Tee zurückgekommen ist, so ist der Verbrauch dennoch außerordentlich hoch.

Die Briten und ihr Tee

Die Briten und ihr Tee geben ein Thema ab, dem ganze Bücher gewidmet worden sind. Ihre Art Tee zu trinken, mit Zucker und Milch, ist übrigens französischen Ursprungs. Madame de Sévigné soll damit im 17. Jahrhundert begonnen haben. Häufig streitet man über die Frage, was zuerst in die Tasse gehört: Der Zucker und die Milch oder der Tee. Zucker und Milch zuerst verdient den Vorzug, obwohl die Konvention das als nicht vornehm betrachtet. Im Zweiten Weltkrieg war es der britischen Regierung nur allzu klar, wie wichtig der Tee zur Aufrechterhaltung der Moral der Truppe sowie der Bürger in der Heimat war. Der Tee wurde vom Staat direkt aus den Kolonien Ceylon und Indien ins Mutterland transportiert. Churchill hat einmal gesagt: Tee ist für unsere Soldaten wichtiger als Munition.

Die neueste Entwicklung zeigt aber einen rückläufigen Teeverbrauch, und zwar vor allem wegen veränderter Lebensgewohnheiten der jüngeren Generation. Tearooms von Lyons (Tea for two, weil eine Kanne Tee einst two pence kostete) wird man in England heute vergeblich suchen. Kardomah landete dafür mit seinen Coffee-Shops einen Riesenerfolg bei der Jugend.

Konsum in den Niederlanden

Der erste Tee, der Westeuropa erreichte, kam, wie wir gesehen haben, in die Niederlande, und innerhalb kürzester Frist waren die Holländer zu einer der größten teetrinkenden Nationen der Welt geworden. Tee wurde in allen Kreisen und Landstrichen getrunken, aber zunächst denken wir doch an den Teepavillon an der Vecht und den Teesalon in Den Haag: »Im Haag zog man drei Stunden nach Mittag zur Teevisite. Man trug, ausgenommen bei Regen, den Rock, keinen Mantel; also konnte man sich sogleich auf die bereitstehenden Stühle niederlassen und die Füße auf die glühenden Wärmeöfchen stellen – denn diese wurden sowohl im Sommer wie im Winter benutzt. Nun nahm die Gastgeberin einige kleine, hübsch bemalte porzellanene, silbergetriebene oder Filigran-Döschen, die mit verschiedenen Teesorten gefüllt waren, schüttete den Tee in kleine Porzellankännchen mit silbernen Siebchen und füllte die kleinen Tassen mit dem gezogenen Tee, damit die Freunde wählen konnten, welche Sorte sie begehrten.«

In der Tat ein Land von Teeologen, leider nur bis 1940. Der Rückgang wird sichtbar beim Vergleich des Pro-Kopf-verbrauchs von 1939 (1500 Gramm) mit dem von 1971 (633 Gramm). Mehr als die Hälfte also.

In den Kriegsjahren trank man infolge der Knappheit immer dünneren Tee, während man mit der Zeit auch auf die

Der Teepavillon Suypestein (Saufenstein) an der Vecht in Holland.

allgemein übliche Zugabe von Zucker und Milch verzichten mußte. Später gab es nur noch Tee aus gepreßtem Teestaub, der zu Unrecht den pompösen Namen Santé trug. Und schließlich war man auf Kräutertee angewiesen.

Nach Kriegsende war Tee weniger lang rationiert als Kaffee. Und gerade das veranlaßte die Leute, mehr Geld für den offensichtlich kostbareren Kaffee auszugeben. Aus einer falschen Art von Sparsamkeit blieb man der Gewohnheit treu, viel zu wenig Tee zu nehmen, der nur zu einem schwachen Aufguß reichte. Diesem Fehler begegnet man selbst heute noch allzu oft auch in Deutschland. Und er ist um so unverständlicher, wenn man bedenkt, wie billig Tee vergleichsweise ist, vor allem unter Berücksichtigung der Sorgfalt, die dem Produkt von der Plantage bis zur Teefabrik zuteil wird.

Bei einer vor kurzem durchgeführten Untersuchung ergaben sich folgende Teeverbrauchszahlen für Deutschland:

Zum Frühstück tranken 11% der Befragten Tee, vormittags 4%, am Nachmittag 5% und zum Abendessen 35%. Die Verwendung von Milch im Tee wird ganz unterschiedlich gehandhabt, und Zucker in den Tee zu tun, erscheint mir selbst nicht so wünschenswert. Ich persönlich würde zu weniger Zucker raten, damit der Teegeschmack intensiver erhalten bleibt.

Ein Kapitel für sich ist die Mode des Teetrinkens bei der Popgeneration. Es handelt sich dabei um einen Trend aus dem Beginn der siebziger Jahre, der von unten gekommen ist und gewiß nicht durch die Werbung stimuliert wurde. Die Werbung versuchte vielmehr, den Tee vom Image des Damenkränzchens zu befreien, unter anderem dadurch, daß man Fußballstars zur Halbzeit beim Teetrinken zeigte. Der Teeboom bei der Jugend ist jedenfalls eine Tatsache. Die Ursachen dafür sind weniger eindeutig: Übernommene Gewohnheiten nach Asienreisen, ein Faible für ein exotisches, mystisches Getränk. Ein Getränk der Besinnung für eine Zeit der neuen Einfachheit gegenüber dem Kaffee als aufputschendem Getränk für eine Periode des Tatendrangs, die jetzt vielleicht hinter uns liegt. Eine kurzlebige Modeerscheinung oder eine bleibende Gewohnheit? Ich wünsche mir Letzteres. Das Geschmacksmuster ist durchaus nicht einheitlich. An dem steigenden Verbrauch sind die Aromatees (Vanille, Wildkirsche, Jasmin, Lapsang und so weiter) in hohem Maße beteiligt. Hoffentlich wird man mit ein wenig Glück und gutem Wasser auch wieder erstklassigen Darjeeling und die exquisiten chinesischen Tees zubereiten können. Dann steht uns eine gute Tee-Zeit bevor.

Teegeräte

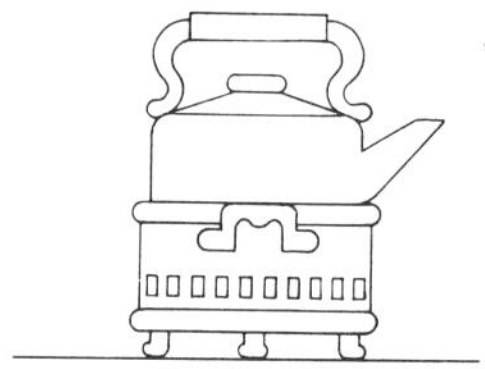

In einem Buch über Tee darf natürlich die Geschichte der Teegeräte nicht fehlen, obwohl sich dieses Thema in einem einzigen Kapitel kaum beschreiben läßt. Das klassische Buch von Lu Yu, der »Ch'a Ching«, empfahl eine hohe Teekanne von der Art eines Weinkruges, aber sie erwies sich als zu unpraktisch, denn schon bald hatten die Teeblätter den Ausgießer verstopft. Die ersten Teekannen wurden im Dorf Yi-Hsing am Taihusee, nicht weit von Shanghai, hergestellt. Diese unauffälligen Kannen wurden exportiert, zunächst nach Japan, später auch nach Europa. Porzellan wurde im China der T'angdynastie (618–906) erfunden. Das schönste und vollkommenste Porzellan entstand unter der Herrschaft des Kaisers Kang-hi. Aus der Zeit vor der Mingperiode (1368–1644) gibt es übrigens kaum Zeugnisse. Die Porzellanindustrie befand sich hauptsächlich um Nanking. 1510 wurde in Japan mit chinesischem Material das erste japanische Porzellan hergestellt. Später verwendete man japanischen Stein. Hier war das Zentrum Arita, von welchem über Decima ein direkter Einfluß auf das Delfter Porzellan nachweisbar ist. Der japanische Export nach Holland bestand übrigens vorwiegend aus den ziemlich groben Erzeugnissen vom Imari. In Delft wurden erste Versuche unternommen, chinesische Teekannen nachzumachen: Durch Albrecht de Keiser, einem Meistertöpfer, 1659, später durch Arij de Milde, dessen Markenzeichen ein Fuchs war. In Delft stellte man kleine Kannen für ein bis zwei Tassen her. Die holländischen Brüder Elers brachten diese Kunst ins englische Staffordshire. Weil diese »Delftware« für Teekannen sehr zerbrechlich war, ist leider nur wenig von ihr erhalten geblieben.

Inzwischen importierte Europa massenweise Töpferwaren und Porzellan aus China. Man schätzte diese Gegenstände nicht sehr hoch ein: In den Schiffsräumen lag das Porzellan zuunterst, darüber der Tee und ganz obenauf die Seide. Eine Bestellung bei der Vereinigten Ostindischen Kompanie aus dem Jahr 1780 lautet auf 1 134 200 Stück Porzellan, davon 450 000 Tassen und Untertassen.

Bekannt ist das Chine de Commande, das in China nach europäischen Entwürfen hergestellt wurde. Man staunt, mit welcher Treffsicherheit die chinesischen Handwerker eine für sie oft völlig fremde Welt abbildeten. Dabei schlichen sich natürlich auch hin und wieder Fehler ein. Die schwedische Stadt Göteborg bekam die Teller mit dem Stadtwappen, einem Löwen, den die Gemeindeverwaltung bestellt hatte, mit der Abbildung eines nackten Mannes geliefert. Und jene schwedische Regentenfamilie, die ein Set Wappenteller mit dem Spruch erhielt: »Heute ist Mama schlechter aufgelegt als sonst«, wird sicher nicht glücklich gewesen sein, aber tatsächlich war es ihre eigene Schuld: Der Auftrag stand auf einem Blatt Papier, das aus dem Tagebuch der Tochter des Hauses gerissen worden war!

August der Starke, Kurfürst von Sachsen und König von Polen, wollte billiges Kupfer und Gold machen, um damit in China das allerschönste Porzellan kaufen zu können. Der Alchimist Johann Friedrich Böttger (1682–1719) wurde zu diesem Zweck eigens in eine Festung gesperrt. Sein Freund, der Naturwissenschaftler Graf von Tschirnhaus(en), half ihm. Seine Glanzidee war: Wir machen Porzellan nach. Das gelang, wenn auch unter großen Anstrengungen. Das euro-

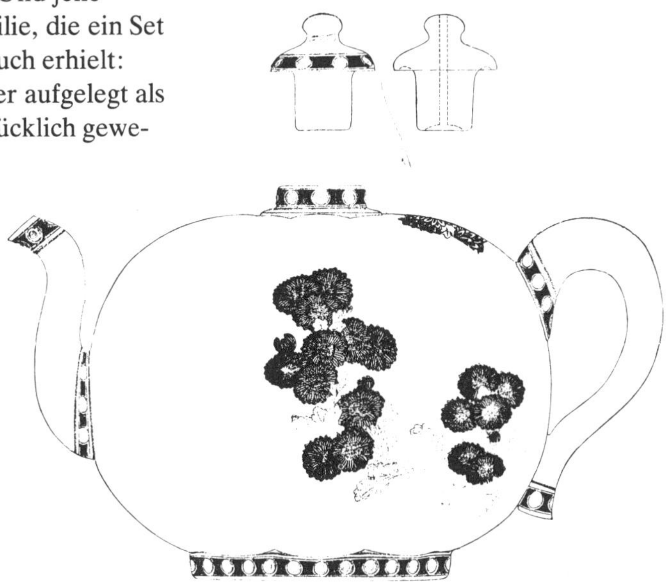

päische Äquivalent für Kaolin (chinesische Kleie) und Petuntse (chinesischer Stein) wurde in Sachsen gefunden. Der außerordentlich kunstliebende Kurfürst gründete die Meißner Porzellanmanufaktur, deren Produkte weltberühmt wurden.

Madame de Pompadour sorgte dafür, daß in Frankreich Porzellan in Sèvres hergestellt wurde; oft handelte es sich dabei um recht gekonnte Imitationen des japanischen Imariporzellans. Man fabrizierte kleine hübsche ovale Kännchen, die mit einem Zuckertopf und einem Rahmkännchen zusammen auf ein Tablett gehörten. Das Ganze bezeichnete man als »solitaire« (eine Tasse und eine Untertasse) oder »tète-à-tète« (mit zwei Tassen). Viele der in Sèvres verwendeten Motive können wir als »chinoiserie« bezeichnen: Europäische Darstellungen eines weit entfernten Catthay mit chinesischen Männlein und Weiblein und Gärten voller Pflaumenblüten.

Auch in England wurde Porzellan gemacht. Der berühmteste Name ist natürlich der des Josiah Wedgwood, der 1754 in die Dienste der Firma Wieldon trat. Er nahm einschneidende Veränderungen bei der »cream-coloured-earthenware« (Flint-Porzellan) vor, die bis dahin in Leeds und Staffordshire hergestellt wurde. Der größte Beitrag der Briten zur Keramik war die Erfindung der Überdrucktechnik, durch die man auf dem Umweg über einen Papierabdruck Entwürfe von Kupferplatten auf Porzellan und Keramik übertragen konnte. Thomas Turner startete mit dieser Technik eine Massenproduktion von Kannen mit dem sogenannten Weidenmuster. Auf diesen Kannen war dargestellt, wie die Liebe von Chang und Koong-se zerstört wurde. Berühmt sind die Kannen von Wedgwood, vor allem die blauen mit weißem Bisqué, (unglasierte) Reliefs von Nymphen und Göttinnen nach klassischen Vorbildern. Man schrieb das Zeitalter des Neoklassizismus, eingeleitet durch die Ausgrabungen von Pompeji und Herculaneum. John Spode (1754–1827) war der Erfinder des von den Engländern so genannten »Bone China« aus chinesischem Lehm, Stein aus Cornwall und Knochenasche. Es ist stark und kann in grellen Farben bemalt werden.

Seit dem Beginn von Yi-Hsing wurden Teekannen in den sonderbarsten Formen hergestellt, und das ist überall so geblieben: Klapperschlangen, Wasserbüffel, Feuerwehrautos. Ständig hat man sich darum bemüht, die Deckel von Teekannen so zu entwerfen, daß sie beim Eingießen nicht in die Tasse fallen können. Sie müssen auch etwas Luft aufnehmen können, damit sie nicht tropfen. Ein übergreifender Henkel ist ein typisch japanisches Element.

Immer wieder hat man versucht, die

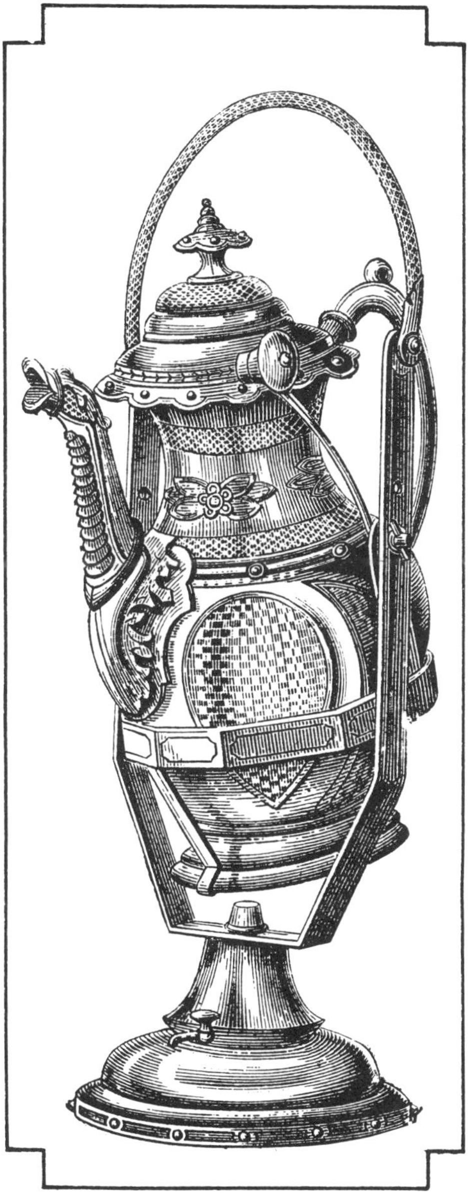

Teeblätter nach der zum Ziehen benötigten Zeit automatisch vom Aufguß zu trennen. 1901 erhielt Graf Dundonald ein Patent auf die SYP (Simple Yet Perfect) – eine Kippkanne, die automatisch Blatt und Feuchtigkeit trennte, indem sie nach dem Eingießen einer Tasse wieder in einen waagrechten Stand zurückkehrte.

Auch wenn ich persönlich nicht zu ihrer Verwendung raten würde, so waren silberne Teekannen in England und Amerika doch sehr populär. Die birnenförmige Kanne entstand in der Zeit von Queen Anne. Häufig sind diese Kannen auch achteckig oder lampenförmig, mit geraden Schnäbeln.

Für seine silbernen Teekannen berühmt war der Amerikaner Paul Revere, den wir wegen seines fabulösen nächtlichen Pferderittes kennen.

Der bekannte chinesische Wasserkessel (mit Deckel und Schnabel) geht wahrscheinlich auf ein primitives chinesisches Teekannenmodell zurück. Der Henkel an der Teetasse dagegen ist eine rein europäische Erfindung. Eine Schale in einem Lackeinsatz ist wiederum typisch japanisch. Die Russen begannen im 18. Jahrhundert Tee aus einem Glas zu trinken, das oft in einem silbernen Einsatz steckte. Gegen diese Sitte ist nichts einzuwenden, und sie erscheint mir vor

Dieser Tee- und Kaffeekannenhalter wurde von einem Amerikaner erfunden und 1871 patentiert.

allem für Zitronentee passend; außerdem geeigneter für abends als für morgens. Seit 1730 gingen in Westeuropa Tee- und Kaffeetasse jeweils ihren eigenen Weg. Dennoch trinke ich persönlich chinesischen Tee lieber aus einer Mokkatasse als aus einer großen Tasse. Der Teelöffel wurde in Westeuropa erfunden: Dort nahm man Zucker und Milch in den Tee, die umgerührt werden mußten.

In manchem Museum stehen Teebüchsen (tea-caddies) aus dem 18. Jahrhundert, oft von Meisterhand hergestellte Prachtexemplare. Wer keine Teebeutel verwendet und nicht über eine Teekanne mit eingebautem Sieb oder einem Behälter für die Blätter verfügt, braucht stets ein Teesieb. Silberne sind natürlich am schönsten. Von Tee-Eiern läßt sich im allgemeinen nichts Gutes sagen. Darin können sich vor allem die etwas größeren Blätter nicht voll entfalten. Um einiges empfehlenswerter ist die Verwendung eines Teefilters, vergleichbar mit einem Kaffeefilter, oder eines dänischen Teenetzes. Damit lassen sich die Teeblätter problemlos entfernen. Tee muß sehr gut verpackt werden, in Kisten, die innen mit Aluminiumfolie ausgekleidet sind. Er nimmt nämlich sehr schnell fremde Gerüche an. Nelken, Melonen, Äpfel und vieles andere dürfen keinesfalls in seiner Nähe gelagert werden. Zu Hause bewahrt man Tee am besten in einer Teebüchse oder in einem einfachen normalen Holzkistchen auf. Da viele

Verschiedene Teegeräte: Teewaage, Teefilter, Meßlöffel. Unten ein Teezopf mit medizinischem Tee.

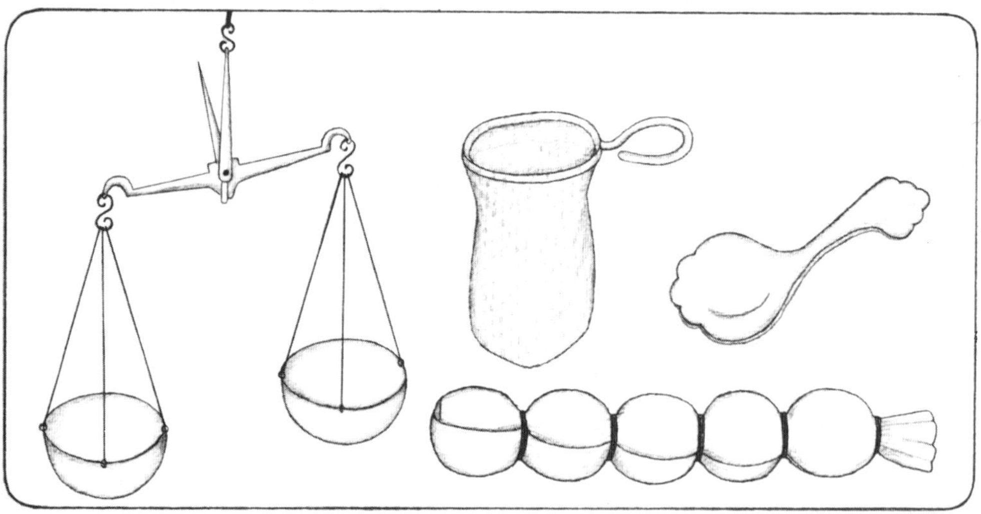

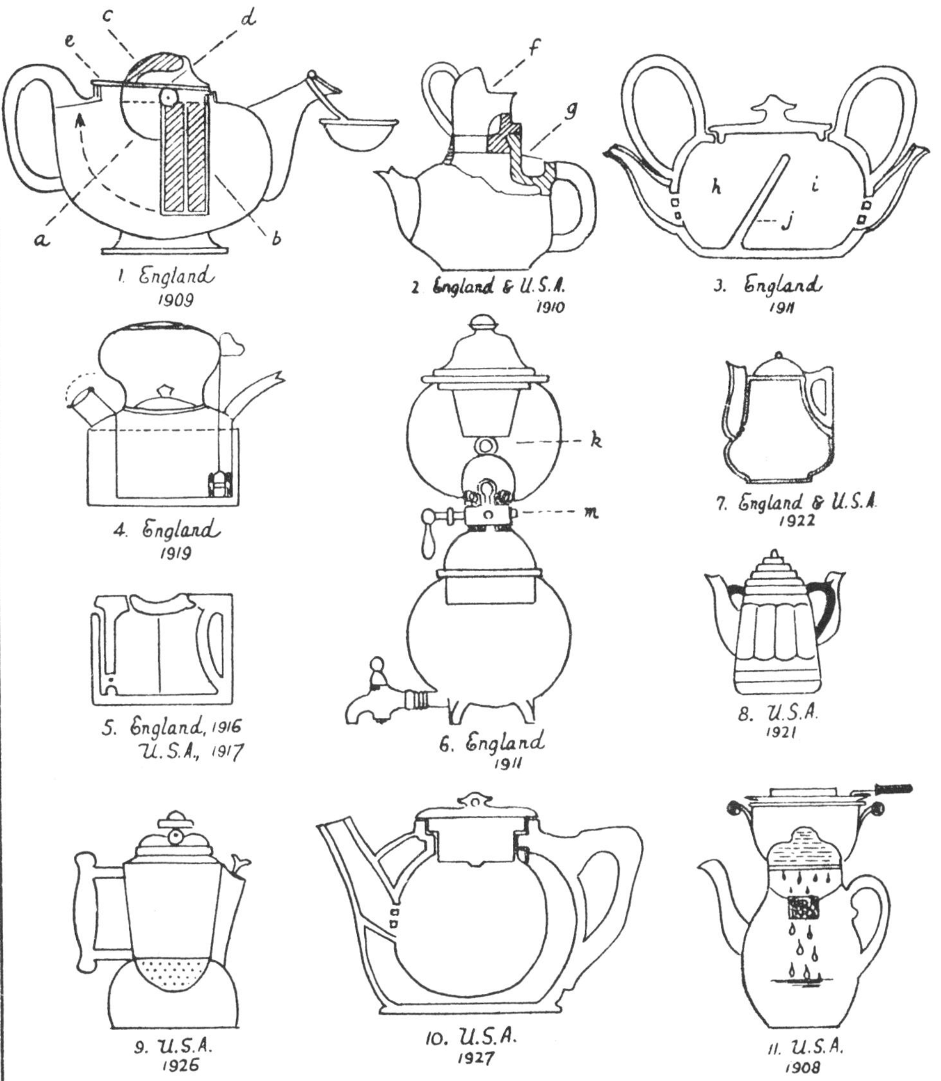

Teekannen aus England und Amerika, die ein Patent erhielten.

Rolyle's »selbsttätige Teekanne«, Manchester.

englische Marken auf dem Kontinent in Büchsen verkauft werden, ist es ratsam; diese Büchsen auch nach dem Verbrauch des ursprünglichen Tees weiterzubenützen. Allgemein kann man sagen, daß Kunststoff und Metall keine Teefreunde sind. Auch das kann als Argument gegen das Tee-Ei gelten! Dieser Einwand erstreckt sich weniger auf die außerordentlich zierlichen japanischen gußeisernen Teekannen, zu welchen noch ein Stövchen gehört, in dem kleine Holzkohlenstücke brennen. Daß der Wasserkessel niemals für etwas anderes verwendet wird, versteht sich wohl von selbst.

Der Samowar

Beim Wort Samowar denken wir sogleich an Rußland. Es bedeutet soviel wie Selbstkocher. Der Samowar, ein großer zierlicher Kupfer-, Bronze- oder Silberkessel, wird durch ein Metallrohr erhitzt, das, mit glühender Holzkohle gefüllt, senkrecht durch den Samowar läuft. So wird das Wasser zum Kochen gebracht. Von oben ist der Samowar flach wie eine Schüssel, auf der die Teekanne steht, in welcher sich viele Teeblätter befinden, die mit so viel kochendem Wasser übergossen werden, daß die Blätter gerade bedeckt sind. Dieser Tee muß fünf bis sechs Minuten ziehen. Dann gießt man den Extrakt in ein Kännchen, das auch oben auf dem Samowar warmgehalten wird. Eine kleine Menge des Extrakts wird nun in ein Glas gegeben und mit Wasser aus dem Samowar übergossen, bis die gewünschte Stärke und Farbe erreicht ist. Aus all dem Vorausgegangenen dürfte klar hervorgehen, daß der Tee in einer Porzellan- oder Tonkanne zubereitet werden muß. Eine akzeptable Spielart sind Glaskannen, vor allem für Beuteltee, weil man gut beobachten kann, wie sich nach einiger Zeit das Wasser färbt.

Eine Teestube im Kaukasus um 1887.

Von der Kunst Tee zu bereiten

Das Grundrezept

- Teekanne durch Ausspülen mit heißem Wasser vorwärmen.
- Pro Tasse einen gestrichenen Teelöffel Tee in die Kanne geben.
- Frisches Wasser verwenden. Keinesfalls mehr, als für die benötigte Anzahl von Tassen erforderlich ist. Sobald das Wasser kocht, sofort in einem Zug aufgießen.
- Vier bis fünf Minuten ziehen lassen.
- Umrühren, das ist wichtig, und durch ein Sieb oder einen Filter abgießen.

Fügen Sie dem Tee nach Bedarf Zucker oder Kandis (ostfriesiche Art), Sahne oder Zitrone zu. Bei Verwendung von Zitrone muß der Tee besonders kräftig sein, sonst schmeckt er leicht nach Zitronenwasser.

Diese einzelnen Punkte bedürfen noch der Erläuterung:

Seife und andere Spülmittel sind Feinde des Tees. Die Teekanne also immer nur mit Wasser spülen und den braunen Tee-Ansatz auf keinen Fall entfernen.

Die genannten Mengen ergeben kräftigeren Tee als allgemein üblich, aber bestimmt keinen bitteren, nur einen wesentlich besseren! Die englische Regel: »and one for the pot« (einen Löffel für die Kanne) würde ich nicht übernehmen. Die meisten Teekannen haben ein Fassungsvermögen von einem Liter. Man rechnet acht bis zehn Gramm pro Liter. Die Kanne sollte bis knapp unter dem Rand mit frisch kochendem Wasser gefüllt werden. In einem Zug aufgießen, sobald das Wasser kocht, lautet die Regel. Aber es handelt sich um eine Vorschrift, die deutlich in besseren Zeiten aufgestellt wurde. Um duftenden, schmackhaften Tee zu erhalten, brauchen wir eigentlich weiches Wasser. Wasser also, das nicht oder nur wenig kalkhaltig ist. Regenwasser ist sehr weich und ausgezeichnet geeignet zum Teebrühen. Die britische Königin ließ bei einem Staatsbesuch in Frankreich eigens schottisches Regenwasser mitführen. In den meisten Gegenden Großbritanniens ist das Wasser übrigens viel weniger kalkhaltig als bei uns. Hartes Wasser macht den Tee trüb und führt zur Bildung eines Häutchens auf dem Tee. Außerdem werden Aroma und Geschmack nachteilig beeinflußt. Die Härte läßt sich aber zu einem guten Teil durch drei- bis fünfminütiges Aufkochen des Wassers mindern. Ein großes Problem ist unsauberes, chlorhaltiges Wasser. Der Handel bietet gegen dieses Übel Filterapparate an. Der Chlorgehalt läßt sich mit ihrer Hilfe jedenfalls auf die Hälfte reduzieren, und im Endeffekt sind solche Filter billiger als die Verwendung norwegischen Spezialwassers, das passionierte Teekocher bei uns kaufen können. Fünf Minuten sollte der Tee im allgemeinen ziehen. Bei Darjeeling ist eine etwas längere Zeit von sieben bis acht Minuten wünschenswert. Das gilt übrigens gleichfalls für jeden Flowery Orange Pekoe. Vergeßliche können die Eieruhr stellen!

Wer unter Darmträgheit leidet, sollte lieber nicht zu viel Gerbsäure (Tannin) zu sich nehmen. Das läßt sich vermeiden, indem man den Tee nur zwei bis drei Minuten ziehen läßt: Das Koffein wird nämlich eher freigesetzt als die Gerbsäure, und der Tee wirkt anregend, während er seine beruhigende Wirkung erst nach drei Minuten entfaltet. Grüner, also un-

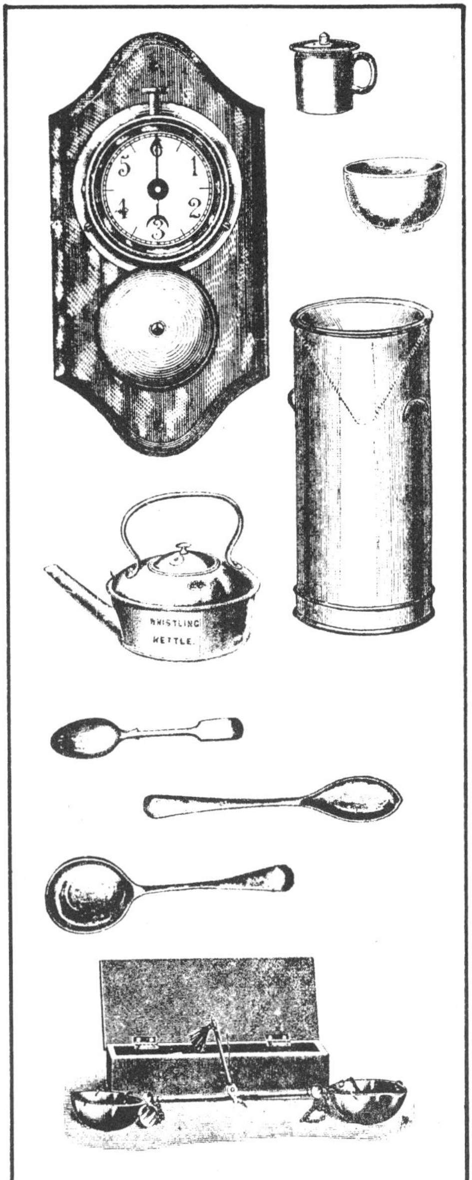

So entfaltet der Tee seine Wirkung (Blatt-Tee)				
1	2	3	4	5 Minuten
Koffein (Teïn) belebt das zentrale Nervensystem		Die Gerbstoffe (Tannin) beruhigen Magen und Darm		

fermentierter Tee darf nie länger als drei Minuten ziehen.

Häufig wird man sehen, daß Tee auf einem Stövchen (Rechaud) warmgehalten wird. Ein rechtschaffener Engländer wird in diesem Punkt mit Sicherheit aus seinem Abscheu keinen Hehl machen. Tee, der zu kochen beginnt, ist ein Greuel, denn durch diesen Vorgang wird viel zu viel Gerbsäure freigesetzt! Achten Sie auf alle Fälle darauf, daß die Flamme nicht zu dicht unter der Teekanne steht und keine zu starke Hitze verbreitet.

Eine Teehaube muß die Kanne schon sehr gut umschließen, wenn der Tee darunter optimal warm bleiben soll.

Die Zubereitung von Tee für viele Menschen ist nicht so einfach. Es gilt die Regel: Je kleiner die auf einmal zubereitete Teemenge ist, desto schmackhafter wird sie sein. Auf keinen Fall sollten Sie ein Tee-Ei verwenden, weil die Blätter darin zu wenig Platz haben, um ihr Aroma und ihren Extraktgehalt voll entfalten zu können.

Zucker und Milch gehören zur englischen Methode. Zum Genuß starken Tees ist dieser Zusatz jedoch nicht notwendig, allerdings schlägt Milch die Gerbsäure nieder!

Für die Verwendung von Teebeuteln gelten beinahe dieselben Regeln. Meistens steht auf den abgepackten Beuteln (oder auf der Packung), wie lange der Tee ziehen muß und für wie viele Tassen ein Beutel bestimmt ist.

Die Teebeutel

Thomas Sullivan war ein Teeimporteur in New York. 1908 schickte er aus Sparsamkeitsgründen seine Kundenmuster in Seidenbeutelchen verpackt anstatt in den bisher üblichen Büchsen, die um einiges größer waren. Er staunte nicht schlecht, als sich die Bestellungen häuften, weniger für seinen Tee als für die praktischen Beutelchen. Das war der Anfang der Tea-Bags. Langsam hat sich der Teebeutel auch den Kontinent erobert. In den Niederlanden wurden 1972 beispielsweise 65% Beuteltee gegenüber 35% losem Tee verkauft. Hier ist aber eine Wende eingetreten durch die junge Generation, die fast nur losen Tee kauft.

Es gibt zwei Sorten von Beuteln: Den Floating-Bag, der sehr simpel ist, oder den Doppelbeutel. Früher war der große Einwand gegen Teebeutel, daß ein Leimgeschmack vorhanden bliebe. Heutzutage wird die Hitzeversiegelung angewandt, die dem Leimgeschmack den Garaus gemacht hat. Viel gebräuchlicher als die einfachen sind die Doppelbeutel, die an einem Faden in der Kanne oder im Glas hängen. Der Tee kann sich gut in ihnen entfalten.

Der Deutsche, der mit der Konstruktionsidee für eine Teebeutelabfüllmaschine aus der DDR nach Düsseldorf geflüchtet ist, wurde dank seines Patents Millionär. Die Maschine ist wirklich genial. Im ersten Augenblick erschreckend teuer, aber die Nachfrage ist enorm. Eine durchschnittliche Maschine liefert pro Tag 14 000 Päckchen mit 20 Beuteln zu je 4 Gramm. Eine Packmaschine für losen Tee hat eine durchschnittliche Tagesleistung von 30 000 Päckchen à 100 Gramm.

Daß man für Beuteltee tiefer in die Tasche greifen muß als für losen, ist natürlich selbstverständlich. Die Bequemlichkeit hat eben ihren Preis. Außerdem wurden früher immer die Teeblätter dafür verantwortlich gemacht, wenn in einem modernen Haushalt das Abflußrohr des Spülbeckens verstopft war. Nebenbei bemerkt: Gartenbesitzer wissen hoffentlich, daß Teeblätter einen ausgezeichneten Dünger für Rosen und Hortensien abgeben. Eine wunderbare Form des Recycling also.

Die Auswahl an Teesorten bei den Teebeuteln ist wesentlich geringer als bei offenem Tee, und sie enthalten alle gebrochenen Tee, Dust oder Fannings. Nun gilt zwar: Je kleiner das Blatt, desto stärker der Aufguß, aber ein starker Aufguß ist nicht das einzige Kriterium für guten Tee. Bei Instant-Tee kann von Genuß

Solche automatischen Wasserkocher wurden in England hergestellt.

überhaupt keine Rede sein. In den Vereinigten Staaten, wo viel Eistee getrunken wird, besteht für Instant-Tee ein großer Markt. Dort sollte er nach Möglichkeit allerdings auch bleiben. Ein Einäugiger unter den Blinden ist noch der Cey-Tea, der an Ort und Stelle auf der Plantage in Ceylon aus dem unfermentierten grünen Blatt hergestellt wird.

Seit kurzem ist in Frankreich ein Getränk »Gold Tea« in Büchsen auf dem Markt, ein Frischgetränk auf Teebasis, das »on the rocks« getrunken wird. Wer, so wie ich, einmal zu seinem Entsetzen auf einige leere Büchsen Beaujolais im Straßengraben gestoßen ist, wird auch auf Eistee in Büchsen nicht neugierig sein. Am besten ignorieren!

Ein altmodischer Teegenießer bekam eine Gänsehaut, als er einige der nun folgenden Rezepte las, und verzichtete darauf, sie zu probieren. Ich gebe gerne zu, daß ich keinen erstklassigen Darjeeling dafür opfern würde. Aber jedermann steht es frei, mit Tee zu experimentieren, und es ist durchaus nicht immer alles schlecht, was mit Phantasie und Geschick gebraut werden kann!

Allerlei Variationen

Als erstes ein Vorschlag, wie Sie mit Gewürzen den Tee aromatisieren können.

Nelkentee

100 g schwarzer Tee, 3 Eßlöffel geriebene Zitronenschale (von ungespritzten Zitronen) und 1 Eßlöffel Gewürznelken zusammen in einer gut schließenden Büchse fünf Tage stehen lassen; damit dann nach den Teeregeln das Getränk zubereiten.

Holländischer Grog (für 6 Gläser)

2 Tassen heißer, starker Tee, Saft von 3 Zitronen und 6 Orangen, 250 g Zucker, ¼ l Curaçao, ¼ l Burgunder

In einen Topf den Tee geben, Zitronen- und Orangensaft zufügen sowie den Zucker. Gut durchrühren, bis sich der Zucker aufgelöst hat. Nun den Curaçao und den Burgunder zugeben und diese Mischung erhitzen, aber nicht kochen lassen. Am besten in hohen Gläsern heiß servieren.

Persischer Liebestrank
(für 6–8 Gläser)

1 l Wasser, 12 g Ceylontee, 80 g Zucker, Pfirsichscheiben, Orangenscheiben, Rum

Wasser 3–5 Minuten kochen lassen, den Tee damit aufgießen und 5 Minuten ziehen lassen. Den Zucker einrühren und das Ganze auf Zimmertemperatur abkühlen lassen. In hohe Teegläser jeweils einige Pfirsichscheiben, eine Orangenscheibe, einen Schuß Rum sowie einige Eiswürfel geben. Dann mit dem abgekühlten Tee aufgießen.

Minztee (für 6 Gläser)

2 Zweige frische Minze, $^{1}/_{3}$ Tasse frisch gepreßter Orangensaft. Saft von 2 Zitronen, 2 Tassen starker heißer Tee, $^{1}/_{3}$ Teelöffel Ingwerpulver, $^{1}/_{3}$ Tasse heißes Wasser, 1 Tasse kaltes Wasser.

Die Minzblätter in einer Schale oder einem Mörser zerdrücken. Die Fruchtsäfte zugeben und den heißen Tee aufgießen. Das Ingwerpulver ins heiße Wasser einrühren und mit kaltem Wasser vermischen. Das Ganze nun dem Aufguß von Fruchtsaft und Tee zufügen. Etwa eine Stunde abkühlen lassen.

Eistee

Ein Engländer, der auf der Weltausstellung in St. Louis in den Vereinigten Staaten versuchte, seinen Tee aus den britischen Kolonien zu verkaufen, verzweifelte langsam, weil ihn die wegen der unerträglichen Hitze schwitzenden Messebesucher übersahen und sich auf die Suche nach eiskalten Erfrischungen begaben. Was machte er? Er warf Eiswürfel in seinen Tee, und der Eistee war geboren.

Diese automatische Tee-Maschine gab ein Zeichen, wenn der Tee fertig war. Sie wurde in England hergestellt.

In heißen Gegenden, vor allem in den Südstaaten der USA, hat dieses Getränk großen Erfolg. Für Eistee gießt man doppelt stark aufgegossenen Tee heiß in hohe Gläser, die bis zum Rand mit Eiswürfeln gefüllt sind (keine Angst, die Gläser platzen nicht!). Dazu kommt Zucker nach Geschmack, erfrischender Zitronensaft oder ein Pfefferminzblättchen. Sehr gut läßt sich Eistee mit Gin, Cognac, Campari oder ähnlichem mixen.

Heißer Teeflip Maharani
(für 2 Gläser)

2 Teelöffel schwarzer Tee oder 2 Tee-Aufgußbeutel, ¼ l Wasser, 1 ganzes rohes Ei, etwas Zucker, 1 Schnapsglas Arrak, einige Spritzer Maraschino, etwas Zitronensaft, 1 Prise geriebene Muskatnuß

Den Tee zubereiten. Das Ei nach Geschmack süßen und mit dem Arrak, dem Maraschino, dem Zitronensaft und der Prise Muskatnuß kräftig schlagen, dann unter ständigem Quirlen den heißen Tee hinzugeben.

Torrero-Tee (für 5 Gläser)

6 Teelöffel schwarzer Tee, 5 Schnapsgläser, Pfefferminzlikör, 2 ungespritzte Apfelsinen

Den Tee aufgießen und 3–4 Minuten ziehen lassen (dann sind die anregenden Stoffe gelöst, aber noch nicht alle Bitterstoffe). In Gläser mit Henkeln füllen, mit jeweils einem Schnapsglas Pfefferminzlikör versetzen und umrühren. Die Apfelsinen in dicke Scheiben schneiden und mit dem Tee servieren. Auch kalt, mit Eiswürfeln und zusätzlichem ausgepreßtem Apfelsinensaft, schmeckt dieser Tee ausgezeichnet.

Spanischer Ananas-Tee
(für 4 Gläser)

1 Dose Ananas, 8 Eßlöffel Rum, 8 Teelöffel schwarzer Tee, 4 Eßlöffel Zucker

Die Ananasstücke ohne den Saft einige Stunden in dem Rum ziehen lassen. Den Tee mit einem halben Liter sprudelnd kochendem Wasser aufbrühen und nach 4 Minuten abgießen und süßen. Gläser mit einigen Eiswürfeln füllen, die in Rum getränkten Ananasstücke darüberfüllen und mit heißem Tee aufgießen.

Finnischer Tee (für 4 Gläser)

6 Teelöffel Tee, 6 Eßlöffel Zuckersirup aus 100 g Zucker, 1 Apfel, 1 ungespritzte Zitrone, frische Pfefferminzblätter

Den Tee mit einem halben Liter sprudelnd kochendem Wasser aufbrühen, 4 Minuten ziehen lassen, abgießen und abkühlen lassen.

Zuckersirup zubereiten: den Zucker in kochendem Wasser lösen und dick einkochen lassen. In 4 Tassen einige Eisstückchen geben, je 1 Eßlöffel Zuckersirup darüberfüllen. Den Apfel in Scheiben schneiden und diese über das Eis legen. Den kalten Tee darübergießen, jede Tasse mit einer Zitronenscheibe abdekken. Mit einem Pfefferminzblatt garnieren.

Johannisbeertee (für 6 Gläser)

½ l Johannisbeersaft, 6 Teelöffel schwarzer Tee, 1–2 Zitronen

Im Eiswürfelbehälter den Johannisbeersaft im Kühlschrank frieren lassen. Den Tee mit 1 Liter Wasser aufbrühen, 4 Minuten ziehen lassen, abgießen, süßen und abkühlen lassen. In Gläser 2–3 Johannisbeersaftwürfel geben und mit dem kalten Tee auffüllen. Die Gläser mit Zitronenscheiben garnieren.

Orangen-Punsch (für 6 Gläser)

3 unbehandelte Orangen, 5 unbehandelte Zitronen, ½ Flasche Cognac oder Weinbrand, 6 Teelöffel schwarzer Tee oder die entsprechende Menge Teebeutel, 300 g Honig, ½ Flasche Rum, 1 l Wasser

Die Orangen und Zitronen vorsichtig spiralförmig abschälen, die Zitronen auspressen. Die Orangenspiralen und den Zitronensaft mit dem Cognac einige Stunden ziehen lassen. Den Tee mit einem halben Liter Wasser aufbrühen, 4 Minuten ziehen lassen, abgießen. Die Orangenschale aus dem Cognac nehmen, den heißen Tee, den Honig, Rum und Wasser zugießen. Diese Mischung stark erhitzen, aber nicht kochen lassen. In hohen Gläsern mit den Orangen- und Zitronenspiralen heiß servieren.

Planters Tea (für 4 Gläser)

Die Franzosen auf den karibischen Inseln sagen dazu Thé Planteur. Die Planter sind die Bauern, die Rohrzucker, Ananas und Bananen pflanzen. Angelehnt an einen karibischen Drink hier ein Teerezept, das warm getrunken werden sollte.
5 Teelöffel Tee, ½ l Milch, 2 Eßlöffel Zucker, 4–8 Schnapsgläser Rum, eventuell etwas Muskatnuß

Den Tee mit ¾ l Wasser aufgießen, 3–4 Minuten ziehen lassen und abgießen. Die Milch erhitzen, Zucker zugeben und verrühren. Tassen halbvoll mit Tee gießen, dazu einen guten Schuß von der Milchmischung und pro Tasse 1–2 Schnapsgläser Rum. Verrühren und sofort trinken.

Sehr gut dazu schmecken Bananen, die man in einer Pfanne mit Honig und Butter hat weich werden lassen. Auf Zwieback legen und dazu servieren.

Feuerzangen-Teepunsch (für 24 Gläser)

12 Teelöffel schwarzer Tee oder die entsprechende Menge Teebeutel, 1 l Wasser, 2 Flaschen Rotwein, Stangenzimt,

Nelken, Saft von 2 Zitronen, 1 Zuckerhut, ½ Flasche Rum (45%)

Den Tee aufbrühen, 5 Minuten ziehen lassen und abgießen. Den Wein erhitzen, aber nicht kochen lassen. Mit Zimt, Nelken und dem Zitronensaft würzen. Den Zuckerhut auf die Zange legen, mit Rum begießen und anzünden.

Mittsommernachtstee (für 1 Glas)

Zu gleichen Teilen eisgekühlter, gesüßter Tee und Sekt, 1 Teel. Zitronensaft, ½ Schnapsglas Aquavit, 1 Zitronenscheibe zum Garnieren

Ein Longdrinkglas knapp bis zur Hälfte mit dem eisgekühlten Tee füllen. Den Zitronensaft und den Aquavit zugeben und umrühren. Mit Sekt auffüllen und mit einer Zitronenscheibe garnieren.

Teeflip (für 1–2 Gläser)

¼ l Milch, 1 gehäufter Eßl. Zucker, 1 gehäufter Teel. schwarzer Tee, 1 Eigelb

Die Milch mit dem Zucker zum Kochen bringen. Den Tee in eine vorgewärmte Kanne geben, mit der kochenden Milch übergießen und 5 Minuten ziehen lassen. Die Teemilch durchseihen und mit dem Eigelb gründlich verquirlen. Den Teeflip heiß in Longdrinkgläsern servieren.

Expedition (für 4 Gläser)

1 Tasse Zucker, 1 Stückchen Ingwerwurzel, 2 Gewürznelken, 1 Prise geriebene Muskatnuß, 6 Eßl. Assamtee, 0,7 l Rotwein, 2 Schnapsgläser Rum, 1 Zitrone

Den Zucker mit der kleingeschnittenen Ingwerwurzel, den Gewürznelken und der geriebenen Muskatnuß in ¼ l Wasser aufkochen und 5 Minuten bei milder Hitze kochen lassen. Den Tee mit ½ l kochendem Wasser aufbrühen, 5 Minuten ziehen lassen und abgießen. Den Rotwein mit dem Tee mischen und bis zum Siedepunkt erhitzen. Die Zucker-Gewürzmischung durchseihen und zur Tee-Rotweinmischung geben. Mit dem Rum abschmecken. Das Getränk auf dem Rechaud heiß halten. Die Zitronenschale dünn zu einer Spirale schneiden und in den Punsch hängen.

Die »Expedition« heiß in Punsch- oder Teegläsern servieren. Eventuell nachzukkern. Sehr gut dazu schmecken kandierte Ingwerstäbchen.

Erfrischungstee (für 4 Gläser)

¼ l Milch, ½ l starker, eiskalter, gesüßter Tee, 1 Prise Vanillinzucker, ⅛ l Mineralwasser, 8 Eiswürfel, 4 gehäufte Eßl. Schlagsahne

Die Milch mit dem kalten Tee und dem Vanillinzucker mischen. Mit Mineralwasser auffüllen, aber nicht mehr umrühren. Je 2 Eiswürfel in Longdrinkgläser legen und mit dem Teedrink übergießen. Mit einer Schlagsahnehaube garnieren.

Tee Krambambuli (für 4 Gläser)

5 Tassen Moselwein, ½ Tasse Zucker, 3 Tassen starker, heißer Tee, 1½ Tassen Jamaica-Rum, 1 Zitrone

Den Moselwein mit dem Zucker bei milder Hitze in einem emaillierten Topf unter ständigem Rühren erhitzen. Den Tee und den Rum zugießen und das Getränk auf einem Rechaud heiß halten. Die Zitronenschale dünn zu einer Spirale schneiden und 5 Minuten in der Teemischung ziehen lassen. Krambambuli heiß in Tee- oder Punschgläsern servieren.

Reformierter Tee (für 4 Gläser)

1 l Milch, 2 gehäufte Teel. schwarzer Tee, ¼ Stange Zimt, Würfelzucker, 1 Zitrone, 3 Eßl. Rum, 4 Eigelbe

Die Milch zum Kochen bringen. Den Tee und die Zimtstange in ein Tee-Ei (ausnahmsweise) geben und 5 Minuten in der siedenden Milch ziehen lassen. Die Zuckerwürfel von allen Seiten an der Zitrone reiben und den Milchtee damit süßen. (Die Menge richtet sich nach dem Süßegrad, der gewünscht wird.) Den Rum zugießen. Den Topf vom Herd nehmen und die verquirlten Eigelbe mit einem Schneebesen in den Milchtee schlagen.

Das Getränk heiß in Longdrinkgläsern servieren.

Altenglische Teebowle
(für 12 Gläser)

1 Salatgurke, 2 Flaschen Portwein, 2 Gläschen Weinbrand, 1 l Tee, normal stark, frische Pfefferminzblättchen

Die Gurke schälen, halbieren und die Kerne sorgfältig entfernen. Das Gurkenfleisch in kleine Würfel schneiden. Die Gurkenwürfel in ein Bowlegefäß geben und mit 1 Flasche Portwein und dem Weinbrand übergießen. Zugedeckt 1 Stunde im Kühlschrank ruhen lassen. Den eisgekühlten Tee und die 2. Flasche Portwein darübergießen. Die Bowle in Gläser abseihen und jeweils mit Pfefferminzblättchen garnieren.

Kubanischer Sommertrunk
(für 4–8 Gläser)

½ l Orange Pekoe Tee gekühlt, Saft von 2 Zitronen, 2 Gläschen weißer Rum, 1 kleine Dose Aprikosen in Sirup, Mineralwasser, Eiswürfel

Den gekühlten Tee mit dem Zitronensaft und dem Rum mischen. Mit dem Sirup der Aprikosen nach Geschmack süßen.

Die zerkleinerten Aprikosen in 4 hohe Trinkgläser verteilen, die Teemischung darübergießen und mit Mineralwasser auffüllen. Vor dem Servieren Eiswürfel in die Gläser geben.

Ostfriesische Teecreme (für 4 Gläser)

3/8 l Wasser, 15 g schwarzer Tee, 100 g Zucker, 35 g Speisestärke, 1/4 l Milch, 1–2 Eßl. Rum, 1/4 l Sahne

Das Wasser zum Kochen bringen und frisch sprudelnd über den Tee gießen. 5 Minuten ziehen lassen, dann abgießen. Den abgegossenen Tee mit dem Zucker zum Sieden bringen. Die Speisestärke mit der Milch verquirlen, in den Tee rühren und einmal aufkochen lassen. Die Masse erkalten lassen und dann den Rum einrühren. Die Sahne steifschlagen und locker unter die Teecreme ziehen, so daß ein marmorierender Effekt entsteht. Mindestens 1 Stunde kühlen.

Teecreme Nowgorod (für 4 Gläser)

6 Blatt weiße Gelatine, 1/4 l starker schwarzer Tee, Saft von je 2 Zitronen und Orangen, 1/8 l trockener Weißwein, 1 Gläschen Cognac, Zucker nach Geschmack, 1/4 l Sahne
Zur Verzierung: verschiedenfarbige kandierte Früchte

Die Gelatine nach Anweisung auf der Packung einweichen und in dem heißen Tee auflösen. Nicht kochen! Den Zitronen- und Orangensaft, den Weißwein und den Cognac einrühren. Nach Geschmack süßen. Die Flüssigkeit im Kühlschrank eindicken lassen. Die Sahne steifschlagen und in die noch nicht ganz feste Teecreme ziehen. Die Creme in Portionsgläser oder eine Schale füllen und im Kühlschrank erstarren lassen. Vor dem Servieren mit den kandierten Früchten verzieren.

Gift oder Heilmittel?

Die Bestandteile des Tees

Die bearbeiteten Teeblätter weisen folgende Zusammensetzung auf:

Koffein	1,5–4%
Tannin oder Gerbsäure	17%
Zellulose	10%
Stickstoffsubstanzen	26%
Fett	1,5%
Asche	5%
Ätherische Öle	1%

Wenn auch die Bestandteile des Tees genau bekannt sind, so steht deswegen keineswegs fest, wie diese aufeinander einwirken, sich gegenseitig schwächen, verstärken, ergänzen und damit die charakteristische Wirkung von Tee auf den menschlichen Körper ausüben.

Wir haben es hier mit einem Thema zu tun, das von der Wissenschaft in den letzten Jahrzehnten recht vernachlässigt wurde. Ein beachtlicher Unterschied zu den Zeiten, in denen die Herren Dr. Morissot, Dr. Paulli und Dr. Bontekoe lebten, als das exotische Getränk heftig umstritten war: Was für die einen ein Allheilmittel war, verteufelten die anderen als böses Gift.

Die Wirkung der Hauptbestandteile

Der Tee verdankte in früherer Zeit in erster Linie dem Koffein seine Anerkennung als Medizin. Die Schlaf vertreibende, aufmunternde Wirkung des Tees war nur allzu deutlich. 1720 wurde das Koffein durch Runge erstmalig aus Kaffeebohnen isoliert, 1827 aus Teeblättern. Hier war es Ondry, der einen unbekannten Stoff entdeckt zu haben glaubte, den er Teein nannte. 1837 führte Mulder jedoch den Beweis, daß Koffein und Teein identisch sind. Was man vielleicht nicht unbedingt annehmen würde: Tee enthält mehr Koffein als Kaffee pro Kilogramm. Wenn Sie bedenken, wieviel mehr Tassen

Sie aus einem Kilogramm Teeblätter als aus einem Kilogramm Kaffee bereiten können, wird klar, daß pro Tasse Tee der Koffeingehalt wesentlich geringer ist. Dennoch übt Tee eine völlig andere Wirkung als Kaffee aus! Tee ist anregend, nicht aufregend!

Und warum? Beim Kaffee sorgen die sogenannten Röststoffe dafür, daß das Koffein sofort und vollständig, also schockartig, vom Körper aufgenommen wird. Die Wirkung von Kaffee ist deshalb sehr schnell und nachhaltig spürbar. Das Koffein im Kaffee wirkt über das Herz auf den Kreislauf. Gerade diese Röststoffe können bei sehr empfindlichen Menschen Völlegefühl, Sodbrennen und Blähungen erzeugen, so daß der Arzt häufiger säurefreien als koffeinfreien Kaffee vorschreibt.

Beim Tee wirkt das Koffein nicht über das Herz auf den Kreislauf, sondern unmittelbar auf das Gehirn und das Zentralnervensystem. Er erhöht die Aufmerksamkeit und verstärkt die geistige Aktivität. Die Fähigkeit zur Interpretation sinnlicher Wahrnehmungen wächst, die Gedanken werden klarer, geistige Ermüdung schwindet, und das Reaktionsvermögen verbessert sich. Skeptischen Lesern sei versichert, daß diese Erfahrungen durch Testreihen mit Personengruppen bestätigt wurden, die vor und nach Teegenuß Additionen eines vergleichbaren Schwierigkeitsgrades vornehmen mußten. Nach dem Teetrinken benötigte diese Gruppe etwa 25% weniger Zeit zur Lösung ihrer Aufgaben, und auch der Fehleranteil hatte sich um 25% verringert.

Niemand braucht abends auf seine Tasse Tee zu verzichten aus Angst vor Schlaflosigkeit. Meistens verstreicht überdies noch eine gewisse Zeit zwischen dem Teegenuß und dem Zubettgehen.

Ich wage zu behaupten: Bei fast jeder anstrengenden Arbeit, und gewiß bei geistiger Arbeit, ist Tee unentbehrlich! Die Belebung nach dem Genuß einer Tasse Tee hält ziemlich lange an und zieht niemals einen unangenehmen Leistungsabfall, einen Katereffekt also, nach sich!

Die Gerbsäure

Die zweite wichtige Komponente des Tees ist die Gerbsäure, das Tannin. Die Gerbsäure bremst die Wirkung des Koffeins und regelt sie so, daß der Körper das Koffein nur allmählich aufnimmt. Dadurch hält die Wirkung auch länger an als bei Kaffee. Abgebaut wird das Koffein ebenso langsam. Übrigens spricht die Chemie lieber von den »Polyphenolen« im Tee. Und zwar zur Unterscheidung von den »phenolischen Materialien« im Baumbast, die die echte Gerbsäure für die Ledergerbung liefern. Denn obgleich das Tannin im Tee die notwendigen chemischen Eigenschaften besitzt und Gelatine und Haut in Pulverform in einer Lösung ausscheidet, verwandelt das Tannin tierische Haut nicht in Leder. Gerüchte über die Verlederung der Magenwand durch übermäßigen Teegenuß sind deshalb auch echte Ammenmärchen. Der Tanningehalt eines Tees sagt im übrigen über dessen Qualität wenig aus. Geschmack und Aroma sind diesbezüglich noch immer die entscheidenden Kriterien. Gerade viele der feinsten Keemun- und Ninchowtees aus China sind außerordentlich arm an Tannin und verdanken ihren Ruf denn auch ausschließlich ihrem Geschmack.

Je gewissenhafter gepflückt wird, also »two leaves and the bud«, desto geringer ist der Tanningehalt. Daß viele Firmen speziell im niederländischen Friesland groben Orange Pekoe auf den Markt bringen, hat auch etwas mit dessen (geringer) Menge an Gerbsäure zu tun: Die Friesen ließen (oder dürfen wir noch sagen, lassen?) die Teekanne den ganzen Abend lang durchbrodeln.

Bei der Bearbeitung des schwarzen

Auf diesem japanischen Druck ist zu sehen, wie Teesetzlinge gepflegt werden.

Tees geht während des Prozesses der Fermentierung, beziehungsweise der Oxydierung ziemlich viel Tannin verloren. Bei grünem Tee liegen die Dinge anders, und das ist denn auch der Grund, warum grüner Tee nicht länger als drei Minuten ziehen sollte! Die Gerbstoffe bewirken, daß der aufgegossene Tee immer mehr oder minder adstringierend (zusammenziehend) wirkt. Diese adstringierende Wirkung kann durch Milch aufgehoben werden: Die Gerbstoffe werden nämlich durch das Milcheiweiß niedergeschlagen.

Neben den Hauptkomponenten Koffein und Polyphenolen enthält der Tee noch andere für den menschlichen Organismus äußerst wichtige Stoffe.

- Die ätherischen Öle im Tee haben nach Auffassung mancher Wissenschaftler auch eine aufputschende Wirkung, die jene des Koffeins noch übertreffen soll.
- Aus der B-Vitamingruppe enthält Tee das wasserlösliche Vitamin B 1 oder Aneurin. Vitamin B 1 ist schon länger als »Wachstumsvitamin« bekannt. Neuere Untersuchungen haben gezeigt, daß gerade dieses Vitamin für den geistig tätigen Menschen auf die Dauer unentbehrlich ist.

Professor Schönberg behauptet weiter, Vitamin B 1 sei imstande, den Menschen etwas unempfindlicher gegen Aufregung und Lärm in seiner Umgebung zu machen. Unwillkürlich denken wir dabei an den chinesischen Spruch: »Wer Tee trinkt, vergißt den Lärm und die Unruhe des Alltags.«

Das im Tee vorhandene Vitamin B 1 wird übrigens sehr schnell vom Körper absorbiert.

- Außerdem enthält Tee Chlorophyll. Dessen exakte Wirkung wurde noch nicht genau erforscht.
- Tee enthält auch Fluor. Durch die vielen Diskussionen über die wünschenswerte Fluorisierung des Trinkwassers hat sich inzwischen allgemein herumgesprochen, daß Fluor dem Zahnverfall, der Karies, entgegenwirkt. Es gibt sogar eine Theorie, die besagt, daß man auf die Anreicherung des Leitungswassers mit Fluor ganz verzichten könnte, wenn nur genügend Tee getrunken würde.

Und noch mehr Vorteile

Der Nährwert von Tee ist kaum nennenswert, ein Umstand, der in einem Zeitalter der Überernährung, zumindest in unseren Breitengraden, zusätzlich als Pluspunkt zählen kann. Tee ohne Milch und Zucker darf durchaus als non-fattening angepriesen werden, oder anders gesagt: Tee macht nicht dick. Eine Tasse Tee mit einem Eßlöffel Milch und einem Stück Würfelzucker enthält 40 Kalorien. Eine Tasse Tee enthält außerdem 0,65 Gramm Protein (Eiweiß).

Das unbearbeitete Teeblatt ist wesentlich nahrhafter. Deshalb auch sieht man die Schanvölker in Birma den ganzen Tag auf Teeblättern herumkauen.
An dieser Stelle sei übrigens eindringlich vor dem Experimentieren mit dem Rauchen bearbeiteten Tees gewarnt: Übelkeit ist die harmloseste Folge, die davon zu erwarten ist.
Schließlich wollen wir uns einem Artikel in der Zeitschrift »Nature« vom 9. Dezember 1967 (Nr. 216) zuwenden, in welchem Wei Young, Robert Hotovec und Arthur Romero eine Untersuchung über »Tea and Arthereosclerosis« veröffentlichten. Ihnen war bekannt, daß Arteriosklerose unter Chinesen seltener zu beobachten ist als im Westen und daß dieses Phänomen mit einem niedrigen Cholesteringehalt des Blutes zusammen-

Ein chinesischer Straßenhändler, der Tee verkauft.

hängt. Sie stellten Versuche mit Kaninchen an, aus denen hervorging, daß sich der Serumlipidegehalt (der Blutfettgehalt) erhöhte, wenn Tee während oder unmittelbar nach einer fetthaltigen Mahlzeit eingenommen wurde. Das wäre also günstig gegen Herz- und Gefäßkrankheiten. Andererseits gibt es aber auch respektable Vertreter des medizinischen Standes, die Herzpatienten davor warnen, Tee in großen Mengen zu trinken.

Während bei großer Hitze der Genuß eines Glases Eistee durchaus erquickend sein kann, so ist doch allgemein bekannt, daß gerade heißer Tee bei Hitze wahre Wunder wirkt und als echte und nachhaltige Erfrischung gelten darf. Ein wundersamer Trank, möchten wir am liebsten Dr. Bontekoe nachsagen!

Tee aktuell

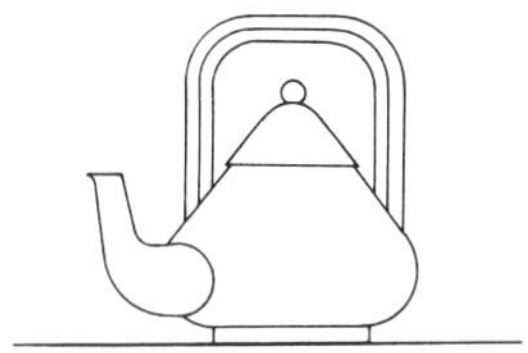

Tee ist nach Wasser das meistgetrunkene und billigste Getränk der Welt. Und er wird verstärkt produziert, wie Sie anhand der folgenden Vergleichszahlen feststellen können:

Die Welt-Teeproduktion (exklusive China) betrug in 1000 Tonnen:

Land	1967	1977
Indien	384,8	562,8
Sri Lanka	220,7	208,6
Indonesien	33,4	64,6
Afrika	81,9	194,3
Sonstige	267,3	400,8
	988,1	1431,1

Lediglich in Sri Lanka ist wegen der besonderen politischen Situation, auf die ich noch näher eingehen werde, die Produktion zurückgegangen.

Der Tee-Export (wieder exklusive China und in 1000 Tonnen berechnet) erfuhr eine entsprechende Steigerung:

Land	1967	1977
Indien	213,7	224,0
Sri Lanka	216,5	185,5
Indonesien	26,6	50,0
Afrika	80,0	155,0
Sonstige	87,0	167,5
	623,8	782,0

Die Welt-Produktion und der Welt-Export von Tee in Prozent läßt sich für 1977 folgendermaßen aufschlüsseln:

Land	Welt-Produktion	Welt-Export
Indien	40,0%	29,0%
Sonstige	28,5%	21,5%
Sri Lanka	14,0%	23,5%
Afrika	13,5%	20,0%
Indonesien	4,0%	6,0%

Von der genannten Weltproduktion wurden 1977 folgende Mengen in die Bundesrepublik eingeführt (in Tonnen):

Land	1967	1977
Indien	3 163	5 234
Sri Lanka	2 577	2 732
Indonesien	1 638	1 237
Afrika	246	746
Sonstige	342	3 117
	7 966	13 066

Der Pro-Kopf-Teeverbrauch in Deutschland ist beachtlich angestiegen, nämlich von 134 Gramm 1967 auf 210 Gramm im Jahr 1977. Unschlagbar sind die Ostfriesen. Ihr Pro-Kopf-Verbrauch lag 1977 bei 3100 Gramm, und genausoviel tranken 1977 die Engländer. Am meisten Tee trinken in Europa die Iren, nämlich 5000 Gramm.

In seinem Buch »Tea and the British« schreibt D. M. Forst, er halte es nicht für undenkbar, daß die teeproduzierenden Länder ähnlich wie die Ölländer die Faust ballen könnten und die Industrieländer eines Tages vielleicht wesentlich mehr für ihren Tee hinblättern müßten. Diese prophetischen Worte wurden 1973, also vor Ausbruch der eigentlichen Energiekrise, geschrieben. Zwischen 1963 und 1973 sind die Preise für Tee recht stabil geblieben. Man konnte von einem »Buyers market« sprechen, das heißt, daß die Verbraucher die Bedingungen stellen konnten.

Nach 1973 hat sich dieses Bild allmählich grundlegend geändert. Tee ist längst nicht mehr spottbillig, wenn auch noch immer verhältnismäßig preiswert. Wir haben es heute eher mit einem »Sellers market« zu tun. Die Produzenten stellen die Bedingungen.

Dieses Kapitel berücksichtigt das bis

1977 vorliegende Zahlenmaterial, und gerade im Jahr 1977 spitzte sich die Preissituation auf dem Teemarkt dramatisch zu. Warum nun hat sich die Lage auf den Versteigerungen in London, Kalkutta, Cochin, Colombo und Mombasa so einschneidend verändert? Eine große Rolle spielt auch hier die Ölkrise. Der Transport des Tees ist um etliches teurer geworden. Außerdem rächt sich heute auch die zentrale Stellung Englands im Teehandel. Alle Preise werden in Pfund-Sterling ausgedrückt und müssen deshalb immer wieder angeglichen werden. Obendrein müssen große britische Firmen oft von der Hand in den Mund leben. Und schließlich sind riesige Teeverbraucher wie Libyen und der Irak aufgrund ihres Öls nun sehr kapitalkräftig geworden.

Aber die Hauptursachen liegen doch innerhalb der Teewelt selbst. Hier und da spielten schlechte Ernten (Sri Lanka), andernorts politische Schwierigkeiten (Mozambique, Uganda) eine Rolle, aber vielleicht sollten wir lieber kurz die Situation der einzelnen Produktionsländer skizzieren.

Auf der Verbraucherseite erhalten Käufer aus den arabischen Ländern, der UdSSR, Japan und Australien neben den traditionellen westlichen Ländern immer größeres Gewicht. Die Regierung von Sri Lanka hat 1975 die Teeplantagen verstaatlicht. Ein vorhersehbarer Schritt, der schon in den vorausgegangenen Jahren bewirkt hatte, daß kaum noch gedüngt und die Anpflanzung neuer und besserer Sträucher vernachlässigt wurde. Im Gegensatz zu ostafrikanischen Ländern erhebt die Regierung eine hohe Exportsteuer, die übrigens hauptsächlich für Investitionen in der Teeproduktion verwendet wird. Der Teehandel beherrscht noch immer 65% der Wirtschaft des Landes. In einer Broschüre zeichnet das Comité Sri Lanka ein doch etwas übersteigertes Bild eines Konsortiums großer britischer Firmen, die Produktion, Verschiffung, Versteigerung und Handel in ihrem

monopolistischen Griff halten sollen. In der Praxis erweist sich diese Anschuldigung als nicht sehr stichhaltig. Dank seiner vielen Spitzenqualitäten ist Ceylons Position ziemlich stark. Der Markt Pakistans (des früheren Westpakistan) wurde ganz von Sri Lanka übernommen.

Bangladesch belegt Tee auch mit einer hohen Exportsteuer. 1976 betrug die Produktion 33 000 Tonnen. Davon wa-

Teeblätter werden gesammelt.

ren 30 000 Tonnen für den Export geeignet.

Seit den Wahlen im Januar 1980 wird Indien wieder von Indira Gandhi und ihrer Kongreß-Partei regiert. Um den immer größer werdenden Binnenmarkt zu schützen, wird der exportierte Tee ebenfalls mit einer hohen Steuer belegt. Die Errichtung neuer Teeplantagen in Südindien steckt noch in den Kinderschuhen.

Die Volksrepublik China ist das größte Teeanbaugebiet der Welt. Immer bessere Qualitäten werden exportiert. Auch die Quantität steigt: 1970 exportierten die Chinesen 30 000 Tonnen. 1975 waren es bereits 53 000 Tonnen.

Wie bereits erwähnt, begannen die Preise erst 1977 dramatisch zu steigen. Hier zwei recht typische Beispiele: Für einen guten Ceylontee betrug der Kilopreis (in pence) im Januar 110 p, im Februar 150 p, im März fast das Doppelte, nämlich 280 p und im April 330 p.

Guter Sumatratee erbrachte im Januar 100 p pro Kilo, im Februar 130 p, im März 170 p und im April 260 p.

Vor einigen Jahren rechneten die großen Packer mit einem totalen Siegeszug des Beuteltees. Diese Entwicklung ist zum Stillstand gekommen. 1976 betrug der Anteil des Beuteltees in Deutschland und Westberlin (ohne Ostfriesland) zum Beispiel 37,7%, 1977 38,7%.

Kurzfristige Entwicklungen sind schwer vorherzusagen (Kaffeepreise, Energiekrise und so weiter), mit Sicherheit aber wird Tee nie wieder so billig werden, wie er es bis 1973 war.

Adressen und Literatur

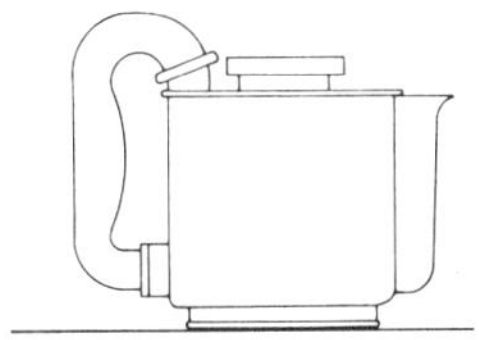

Nützliche Adressen

Großbritannien

The Tea Planters & Importers Company
(Teeversand)
55/56 Aldgate High Street
London EC 3N "1AU

Wittard
111 Fulham Road
London SW 3

Fortnum & Mason
Piccadilly
London W 1

Niederlande

't Zonnetje
Haarlemmerdijk 45
Amsterdam

Geels & Co.
Warmoestraat 57
Amsterdam

Wijs & Zn.
Warmoerstraat 102
Amsterdam

Simon Levelt
Prins Hendrikkade 26
Amsterdam

Deutschland

Teeimporteure und Teepacker

Teekanne GmbH
Kevelaerer Straße 19
4000 Düsseldorf-Heerdt

Messmer GmbH & Co.
Hanauer Landstraße 175
6000 Frankfurt 1

Ronnefeldt
Kurfürstenplatz 38
6000 Frankfurt 90

Oswald Becken & Co.
Rahlstedter Straße 10b
2000 Hamburg 73

Gebrüder Wollenhaupt
Gutenbergstraße 25
2057 Reinbek

Literatur

Ich kann hier nicht alle von mir benützten Bücher und Schriften aufzählen, aber ich möchte dem interessierten Leser doch einen kleinen Überblick verschaffen. Die meisten der an dieser Stelle genannten Bücher sind jüngeren Datums.

Das große Standardwerk, die Bibel der Teekenner in zwei dicken Bänden, stammt aus dem Jahr 1935:
All about Tea von William H. Ukers. The Tea and Coffee Trade Journal Company, New York. In diesem Buch stecken über dreißig Jahre intensivster Arbeit. Die Entwicklungen in der Dritten Welt haben allerdings einen großen Teil der darin zusammengetragenen Informationen überholt.

The Culture and Marketing of Tea von C. R. Harler, Oxford University Press, London, 1963, 3. Auflage. Wahrscheinlich das beste Buch auf diesem Gebiet!

Tee – Zur Kulturgeschichte eines Getränks, Altonaer Museum, Ausstellungskatalog, 1977.

Das Buch vom Tee von Hans Heger mit Illustrationen von Peter Fischer, J. H. Schmalfeldt, Bremen, 1977.

Das Buch vom Tee von Kakuzo Okakura, Insel Bücherei, 1952.

Einladung zum Tee von Hans G. Adrian, Georg Westermann Verlag im Auftrag der Firma Paul Schrader, Bremen.

Rund um den Tee von Curt Maronde, Fischer Taschenbuch Verlag, Frankfurt, erweiterte Neuausgabe 1979.

Das Buch vom ostfriesischen Tee von Johann Haddinga, Verlag Schuster, Leer, 1977.

Register

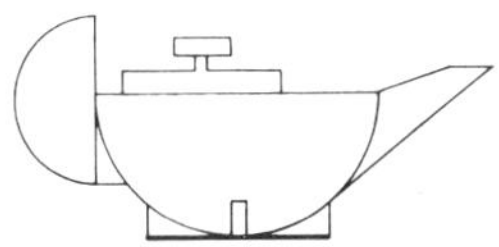

U

V

W

Y

Z

Eelco Engelbert Hesse
wurde 1947 in Wassenaar bei Den Haag geboren. Er behauptet von sich, bereits als Baby teenärrisch gewesen zu sein. Studiert hat er Altertumswissenschaften, obwohl Griechen und Römern Tee vollkommen unbekannt war. Seine Doktorarbeit schrieb er über Lukullus, der, hätte er dieses Getränk gekannt, sicher ein großer Teefreund gewesen wäre. Eelco Hesse ist auch der Autor eines Buches mit dem Titel »Plädoyer für eine autofreie Innenstadt«, das 1978 in Amsterdam erschien. Zur Zeit arbeitet er an einer wissenschaftlichen Studie über die griechische Kolonisation Thraziens im Altertum. Alles Aufgaben, die, wie er sagt, nur durch ausgiebiges Teetrinken zu bewältigen sind.

2. Auflage

Übersetzung aus dem Niederländischen:
Dr. Marga E. Baumer
Redaktion: Nina Andres
Einbandfoto: Tankred Rath
Einbandgestaltung: Constanze Reithmayr-Frank
Satz und Druck: Druckerei Georg Wagner, Nördlingen
Bindung: Conzella Verlagsbuchbinderei Urban Meister, München

ISBN 3-7742-2421-8